现代企业管理创新与实践

贺怡 著

中国纺织出版社有限公司

内 容 提 要

本书从企业管理的一般问题出发，通过理论研究与实证研究相结合的方法，围绕中小企业发展现状和管理实践，结合宏观政策与经济形势、资本运作、转型升级中的战略定位、业态规划、商业模式创新、产业互联网及大数据信息化战略等展开讨论。全面分析企业管理变革和创新的理论基础，总结国内外企业管理的模式特点，阐述最新企业管理创新实践，并对中国企业管理现状和创新环境进行剖析，尝试提出了企业管理创新的对策和措施。

本书适合企业管理人员和相关从业人员参考阅读。

图书在版编目（CIP）数据

现代企业管理创新与实践 / 贺怡著. -- 北京：中国纺织出版社有限公司，2022.12

ISBN 978-7-5229-0246-3

Ⅰ．①现… Ⅱ．①贺… Ⅲ．①企业管理 – 创新管理 Ⅳ．①F272

中国版本图书馆 CIP 数据核字（2022）第 249070 号

责任编辑：孔会云　陈怡晓　　责任校对：楼旭红
责任印制：王艳丽

中国纺织出版社有限公司出版发行
地址：北京市朝阳区百子湾东里A407号楼　邮政编码：100124
销售电话：010—67004422　传真：010—87155801
http：//www.c-textilep.com
中国纺织出版社天猫旗舰店
官方微博 http：//weibo.com/2119887771
天津千鹤文化传播有限公司印刷　各地新华书店经销
2022年12月第1版第1次印刷
开本：710×1000　印张：11
字数：195千字　定价：58.00元

前　　言

大众创业、万众创新是经济发展的动力之源。没有创新，就没有如此丰富多彩的世界；没有创新，资源也就无法得到充分利用。创新驱动是我国经济持续发展的必经之路。在把创新和创业的重要性推到如此高度的今天，我们不再怀疑创新的重要性，而如何管理创新仍是值得持续讨论的问题。

通过自主创新建设创新型国家是关系我国科技、经济发展的重大战略问题，是推动经济结构调整的中心环节，是转变经济增长方式的重要手段，也是提高国家竞争力的迫切要求，已成为全国人民的奋斗目标和战略任务。现阶段是我国实施国家创新发展战略的关键时期，企业作为国家创新的重要行为主体，必须加强建设和完善企业创新体系，这既是落实创新发展国策的必然要求，也是企业进行可持续发展的必要途径。我国很多企业目前处于技术创新和管理创新的转变阶段，能否以管理创新支持企业的发展是企业兴衰的关键。竞争中有因忽视管理创新而导致经营失败的企业，同时也不乏因创新不力而陷入困境的企业。企业应该进行哪些管理创新、如何进行管理创新、企业选择创新有多大的风险，这些都是现今我国企业面临的迷茫和困惑。

本书对上述问题进行了研究与思考，并为中小企业的创新与实践提供思路。主要包括以下内容：现代企业文化管理、现代企业知识产权管理、现代企业战略管理会计、现代企业资本管理、现代企业人力资源管理、中小企业管理创新、"专精特新"企业管理等方面的创新与实践。

本书撰写过程中得到了许多专家学者的帮助和指导，也参阅了许多文献资料，在此对各位专家学者及文献作者表示诚挚的谢意。由于笔者水平有限，加之时间仓促，书中难免有疏漏与不够严谨之处，希望各位读者多提宝贵意见，以待进一步修订，使之更加完善。

贺怡

2022年10月

目　　录

第一章 现代企业文化管理

第一节 企业文化概述

企业文化，虽然看不见、摸不着，但它的作用却无处不在。它是凝聚员工思想与归属的基础，是驱动员工达成企业期望的隐性动力，是整个企业的"精气神儿"。

正如著名诗人卞之琳的诗句："你站在桥上看风景，看风景的人在楼上看你。"身处企业中的我们，不管自己是否能意识到，我们身上都已经打上了企业文化的烙印。同时，每天、每时、每刻，我们也在为企业文化的形成提供着最为鲜活的素材和养分。

对于企业文化的认知，可以从理念、执行、结果三个层面去理解。

在理念层面，企业文化是一种价值追求与系统做事原则，往往由创业者、企业家团队发起，经由广大干部和员工团队的普遍认可，成为整个企业共同的价值主张与心理契约，进而成为企业内部处理人与人之间关系，企业与外部利益相关者之间合作、交往、互动的隐性规则系统。

在执行层面，企业往往会结合实际的经营环境，将企业文化诠释成为员工容易理解和执行的行为准则；把公司宗旨及目标转化为员工认同的理想，并通过一系列的管理制度与流程，将文化贯彻在企业的日常运营之中。管理制度和规范要在文化背景中酝酿而成，企业文化也要以管理制度和规范作为支撑。面对新的经营局面与问题，在制度与规则暂时覆盖不到的领域，企业文化发挥着隐形的引导作用。

在结果层面，企业文化以社会角色和心理契约的形式对组织成员产生作用，使组织与员工在共同的平台上相互作用，共同发展，形成独有的心智模式与行为模式。对于企业文化的认同程度，影响着员工的努力、贡献与投入程度，而员工的认可与身体力行，将赋予产品和服务以不同的特色。

不同的企业文化可以赋予企业不同的风貌。员工在实践中的成功经验、思想感悟，又通过不断地反馈、提炼、整合，对现有的文化理念进行丰富、滋养与扬弃。企业文化就是在这样的提出、共识、践行、固化、升华、优化的循环中生生不息。

如果把企业比作一棵大树，文化就是扎根土壤、吸取养分的庞大根系；如果把企业比作一艘巨轮，文化就是把握着航行方向的舵；如果把企业比作人，文化就是决定其精神追求、处世原则与外在形象的个性动机。

正如华为的创始人任正非所说："资源是会枯竭的，唯有文化才会生生不息。"

一、企业文化的概念

企业文化是由企业核心价值衍生而成，并能够形成延续性的认知模式与习惯性的行为方式。这种认知模式和行为方式使企业与利益相关者之间、与员工之间能够达成共识，形成心理契约，并成为员工行为与表现的依据。

二、企业文化的内容与结构

企业文化可以分为内核要素、外延要素两类。内核要素是指包括企业使命、愿景、核心价值观、企业精神等在内的核心理念，而外延要素则是指核心要素在企业和团队及其行为、形象中的具体表现形式。在"企业文化四层次模型"中，将内核要素称为企业文化的"精神层"；外延要素由内向外分别是以规章、制度、流程为代表的"制度层"，以员工行为规范为代表的"行为层"和以视觉识别系统为代表的"物质层"。

（一）精神层：精神文化

企业文化的精神层，又称为理念层，是企业文化的核心，也是企业文化建设中最基础的部分，主要包括企业使命、愿景、核心价值观、精神以及主要经营管理理念。

（二）制度层：制度文化

企业文化的制度层，是与企业文化相匹配的各种规章、制度、规范和流程的总称，是使企业文化核心理念融入经营、管理的物质载体与表现形式，主要包括企业管理与组织机构、领导与决策机制、各项管理制度与流程、考核激励体系等，是确保员工践行企业文化、树立企业形象的制度性保障。

（三）行为层：行为文化

企业文化的行为层，是指员工践行企业文化的过程中所应遵循的行为标准和具体的行为表现，主要包括员工行为规范、服务用语、服务标准、商务礼仪、好人好事、优秀员工案例集等，是对员工行为方式、行为习惯的规范，是企业文化核心理念在员工行为层面的折射。

（四）物质层：表象文化

企业文化的物质层是指企业通过视觉识别系统的设计和传播，面向企业内、外部所树立的社会形象和所传达的企业文化语言，其目标在于实现企业文化内涵与外部形象的一致和统一，进而提升企业品牌的知名度与美誉度。

在对内、对外进行企业文化推广和展示的过程中，表象文化在树立企业社会形象方面的作用巨大。

三、企业文化的价值

企业文化的价值集中体现在对员工向心力、团队战斗力、企业竞争力的促进与提升上。

（一）形成员工向心力

企业文化以企业使命、愿景和价值观为核心，通过制度、行为规范的要求和各种宣传、传播手段，使员工在潜移默化中理解、接受、认同，并以此作为个人行为的标准和方向，自觉地将个人目标纳入企业的整体目标之下。

企业文化反映的是全体员工共同的价值观念、理想和信念，它帮助企业把每位员工的事业心和对成功的渴望转化成统一、明确的目标，并通过价值观、企业精神和行为准则的明确，引导员工将自己的智慧、能力投入组织发展的目标和方向中去。

同时，企业文化也让员工清楚地了解到企业存在的社会价值，以及自己作为企业一员在实现这一社会价值的过程中应发挥的作用，从而产生出使命感和自豪感，体会到生活和工作的意义，进而能以更加高昂的士气自觉地为社会、为企业、为实现自己的人生价值而努力奋斗。

（二）提升团队战斗力

随着互联网的普及和经济的全球化，企业间的竞争已经不再是一个地区乃至一个国家范围内的竞争，而是要参与到全球竞争大潮中来。机遇和挑战并存，如何抓住机遇、在竞争中立于不败之地，是每一个企业都要面临的现实问题。如何最大限度地发挥人的作用、提高企业的整体协调性和协同作战能力才是解决问题的关键。

在这种前提下，客观上要求企业经营者的管理方式必须从"以物为中心"转到"以人为中心"上来，这样才能充分调动人的积极性和主观能动性，使企业和员工形成真正的利益共同体，在企业内形成战斗力。

企业文化能够使员工在统一的使命、愿景和价值观之下，通过价值凝聚、信念凝聚产生强烈的团队和集体意识，从被动执行变为主动的自我管理，实现从"让我做"到"我要做"的转变，实现从"个人单打独斗"到"协同作战"的转变，从而使整个企业团队的战斗力迅速提升。

（三）构建企业竞争力

在激烈的市场竞争中，企业的持久优势来自企业精心塑造的核心竞争力，判断一个企业的资源和能力是否构成核心竞争力，最主要的是要看这一资源是否具备有价值、稀缺、难以模仿和不可替代这四项特征。

企业文化既是企业成员共同的精神支柱，也是企业可持续发展的潜在生产力和内在驱动力，不仅对每位员工的行为产生极大的影响，也代表了企业的形象，决定了企业在经济社会中的地位和影响力。由于企业所处的环境、业务模式和发展历程各不相同，每个企业都有自己独特的使命、价值取向和行为方式，而企业一旦形成了独特的、有个性的文化，就很难被其他企业模仿。企业文化是维持生产力增长的最终动力，也是没有极限的动力来源。企业文化显然是具备核心竞争力要素的属性的。因此，把企业文化作为一种资源进行开发和经营，已经成为企业增强活力、提高竞争优势、参与市场竞争的更高层次的选择。

第二节　企业文化建设

在与企业的交流中我们发现，企业在进行文化建设时经常感到束手无策，抓不到重点，不知道这项工作该如何开展；或者虽有一大堆理念和口号，但如何向员工推广和传递仍令企业管理者感到困惑和迷茫。

企业文化建设是一项系统工程，从前期了解现状、集思广益、形成理念体系及行动纲领到文化落地，要有一套系统的思维逻辑作为支撑，这样才不致使企业文化工作陷入混沌的状态，才能使企业文化这只"无形的手"在经营管理中真正发挥出强大的作用。因此，在进行企业文化建设之前，有必要先进行基本概念的学习，厘清思路，明确企业文化建设的流程与工作重点，了解每项工作应取得的成果与目标，这样才能有的放矢地开展工作。

一、企业文化建设的核心

（一）企业文化建设目标

企业文化建设应紧紧围绕企业的发展战略，推进精神文化、制度文化、行为文化和物质文化的全面性和系统性建设，深化员工对于企业文化理念的认知、认同与实践，全方位塑造企业形象，构建企业品牌效应并使之成为企业的核心能力，为企业战略目标的实现提供精神动力。

（二）企业文化建设的关注点

（1）价值观建设是企业文化建设的核心。企业文化建设应当在正确思路引导的基础上开展，而正确思路引导的核心在于企业共同价值观的塑造。企业共同价值观决定员工的思维方式和行为方式，一定是为企业全体员工共同接受和遵守的。因此，企业管理者不仅要确定企业的价值观，还要了解企业每个员工自己的价值观。这就决定了在制定企业价值观的时候，需要企业上下员工的参与，进而使价值观实现统一。如果企业中部分成员的价值观与企业价值观发生冲突，管理者就必须解决这种冲突。只有这样，才能保证企业上下协调一致，保持企业价值观的一致。

（2）战略规划与贯彻执行能力，是企业文化长盛不衰的基本前提。企业如果想构建能助力企业长盛不衰的企业文化，只是共同价值观和制度建设还不够，还必须有战略规划的能力和能够贯彻战略意图、完成预定目标的执行力。在过去20年的发展中，中国绝大多数企业的成功大多不是基于战略，基本上是靠对机会的捕捉。随着中国经济的转型以及国内市场经济环境的进一步规范，战略规划能力将决定企业是否能够为自己未来的发展找到机会和目标，这也是像万科、阿里巴巴、腾讯、海尔等知名企业非常重视自身战略规划能力的原因。战略规划能力仅是开始，如何将规划好的战略目标落到实处，这就是执行力需要解决的问题。对个人而言，执行力就是办事能力；对团队而言，执行力就是战斗力；对企业而言，执行力就是经营能力。在构建执行力文化的过程中，不管是企业、团队还是个人，都应以结果为导向，把结果放在第一位，实事求是地对成果和目标负责；作为企业领导人、一把手，更应该以身作则，通过自己的精神动力、价值观、思维和行为模式去影响和组织员工的行为。战略得以实现，企业文化之花才能长盛不衰。

（3）企业文化必须顺应时代要求，服务社会发展。随着和谐社会的推进，越来越多的企业认识到，在自身发展的同时，需要积极地履行社会责任。虽然企业文化受所处政治经济环境、地域、文化以及企业自身发展情况等诸多因素的影响，不能简单地对某一种企业文化用"对"和"错"来评价，但企业是社会的企业，企业文化建设必须与全社会所倡导的公序良俗保持一致，企业的存在必须对员工、对股东、对企业利益相关者、对社会有所贡献，企业在决策选择时所依据的价值观必须同时确保对社会公众产生价值，这是社会责任，也是企业文化必须要遵循的外部价值指引。

建立共同价值观，建立被企业员工接纳并自觉遵守的制度体系，建立战略规划和战略执行能力，建立顺应时代要求与服务社会发展的经营立场，是企业文化建设核心所在。在此基础上建立起来的企业文化，才能在企业的生存与发展过程中真正发挥作用。

（三）企业文化表现系统设计

企业文化表现系统是企业文化成果对内及对外展示的"窗口"，是企业向内部员工和外部相关方展示文化形象的重要手段，也是企业文化落地实施的重要表现。此处的文化表现系统，可以归纳为（文化）理念丰富化、理念生动化、理念标准化三个方面，简称为"三化"。

1. 理念丰富化：形成企业文化手册

企业文化核心理念往往非常精练，有时甚至比较抽象，要全面理解这些理念，就需要对其进行系统、全面的分析与解释；同时，将企业文化理念与企业发展历程、企业战略、获得荣誉、经营管理方针等放在一起，将会使文化理念更为系统和丰富。因此，很多企业都将上述内容归纳起来，编制成为《企业文化手册》。

《企业文化手册》是整个企业文化建设的核心成果，它使员工对文化理念的理解更为完整，也为后续开展企业文化培训与推广奠定了基础，是统领企业文化建设工作的"魂"。

2. 理念生动化：编制企业文化案例集

企业文化案例集是对企业核心理念和价值观最生动的诠释，通过一个个发生在员工身边的故事和案例，向员工展现企业文化的倡导方向，通过典型人物的树立，让员工清晰地看到，企业鼓励与推崇的是什么。

如果说，《企业文化手册》圆满诠释了企业文化是什么的问题，企业文化案例集则将抽象的文化理念生动地展现在员工面前。通过收集整理案例，树立楷模，宣传典型事例和讲述身边人的故事，使员工可以更加直观、真切地了解到企业所倡导的价值观和行为。近年来，越来越多的企业开始重视企业文化案例的搜集、整理工作，并将其作为企业文化内部传播的重要手段。

3. 理念标准化：形成员工行为规范

企业文化只有与员工的实际行为相结合才能产生价值，而员工行为规范，就是将企业文化理念进行分解和细化，形成指导员工日常行为的规范和标准。因此，员工行为规范可以理解为是以标准和制度的形式，将企业的核心理念和价值观进行外化和固化，精确界定在日常工作及对外交往中，员工应遵循的统一、规范的语言及行为方式，如行为规范、礼仪规范、服务规范等。

通过对员工行为的指引和约束，使员工养成正确的行为方式，自觉践行企业所倡导的价值理念，是员工行为规范的目的，也是企业文化落地的关键内容之一。

（四）企业文化落地实施规划

企业文化落地实施规划是企业文化推广的准备工作，也是确保企业文化落地推广有序开展的基础和前提，具体包括两个方面的工作。

（1）对企业文化落地推广工作计划进行论证、丰富、细化，明确年度或阶段文化建设主题、建设目标、工作重点、工作形式、资源投入等。

（2）对重大文化宣传推广活动进行初步策划。重大文化宣传推广活动对于企业文化的落地和企业品牌的宣传具有关键作用，既要确保活动的质量、创新性与效果，又要综合考虑活动的成本以及与现有经营活动是否冲突等，要力争做到成本相对最优、效果相对最佳。

（五）企业文化落地推广与文化管理

企业文化落地推广与文化管理，又称文化深植、文化落地、文化扎根，是企业文化建设的关键环节，也是企业文化建设工作最终成败的标志。让员工从了解企业文化、相信企业文化到自觉按照企业文化要求做事，是一项非常艰难和复杂的工作，其中，既要对员工进行宣教、推广，也要对内部与文化相关的管理环境进行梳理、净化；既要对内进行企业文化推广，也要对外进行文化和品牌的传播；既要使企业文化内化于心，又要在外化的形象方面有所体现；既要解决当前企业文化落地问题，也要关注企业文化管理长效机制的建设。

具体来说，本阶段工作包括内部培训与推广、开展企业文化活动、视觉识别系统审计、制度审计、向外部推广企业文化、企业文化管理与整合等。

1. 内部培训与推广

内部培训与推广的主要工作包括：制订《文化推广工作计划》，明确文化推广的主要手段、资源需求、时间安排等；完成《文化推广讲师团工作细则》，对讲师进行系统的培训和认证；精心准备文化推广的宣传教育材料，总结经验，分阶段进行全公司范围内的文化推广工作。同时，通过公司内部刊物、微信、网站、办公系统等进行广泛的宣传，烘托企业文化建设的氛围，有力支持企业文化推广工作的开展。

2. 开展企业文化活动

基于企业文化实施规划，进行年度企业文化推广活动的具体策划与深度设计，结合公司业务开展的节奏，充分利用司庆、节庆、年会等重要的时间窗口，开展多种形式的文化活动，激活组织氛围，通过活动引导，激发员工对于企业的认同感和归属感，在活动的过程中加深员工对企业文化的认知和理解，并通过潜移默化的活动逐步影响员工的行为。

3. 视觉识别系统审计（VI审计）

VI是企业文化的外在表现，VI是否反映了企业文化的内涵、是否得到了全面贯彻、在具体使用中是否规范得体，是从外部观察企业文化的最直观的窗口，也是激发员工自豪感、自觉性的重要手段。因此，在企业文化建设中，应对VI系统的完备情况、建设质量、使用情况等进行审计，如有必要，应进行企业VI手册的编制或更新工作，制订详细的VI使用规范，使VI体系能够充分体现公司的文化内涵。

4. 制度审计

制度是企业文化理念与行为管理的衔接层，好的制度起到规范、约束、引导员工行为的作用，而与企业文化理念严重背离的制度则会导致员工无所适从，因此，制度审计是文化落地的重要支撑。针对企业文化方向的制度审计，主要是审核现有制度，尤其是与员工利益相关的人事、分配、激励制度与文化体系的内在统一性，并提出相应的修改意见，提交相关部门，在条件成熟的前提下有序整改，从而可以有效杜绝文化制度"两张皮"甚至矛盾、对立的现象，实现文化与管理的内在统一。

5. 向外部推广企业文化

品牌形象是企业面向社会的形象展示，良好的企业品牌能够对业务发展带来巨大的助益，这一点已经得到了大量研究者的证实。在内部推广企业文化的同时，企业应考虑同步开展文化与品牌的外部推广，使得文化的推广过程成为品牌建设和业务促进的过程。

6. 企业文化管理与整合

企业文化建设经历了认知、认同的阶段之后，管理者、员工对于企业文化的内涵已经有了一定的认识，文化推广工作也积累了一定的经验，在这一阶段，有必要将企业文化管理工作推进到一个新的层次。具体来说，一是推进企业文化管理的常态化，关注文化体系与公司战略、品牌、组织、制度、流程等多元体系的互动与整合；二是进一步凸显企业文化的"文化"属性和特征，提升企业的文化品位；三是基于文化、战略、品牌的有机结合与成功实践，提炼、整合企业的品牌与文化内涵，面向社会进行系统传播。

企业文化建设的各个阶段层层递进，步步深入，共同推进企业文化从无到有、从知到行、从内到外的系统建设过程。

二、企业文化建设中的常见问题

每家企业都有自己的企业文化，也大都经历过企业文化建设的历程，其中不乏成功经验，但更多的是困惑、困境与困难，共性的问题往往体现在以下五个方面。

（一）企业文化建设缺乏系统思考

企业文化建设是从核心理念塑造，到文化落地实施，到文化评估反馈的闭环系统，是一项需要全体员工共同参与的浩大工程，缺乏系统性的文化建设往往流于碎片化的活动，虽有一定的效果，但距离形成真正的"文化力"还有很大的差距。

加强企业文化建设的系统性，首先要正确认识构成企业文化的四个层次——精神层、制度层、行为层、物质层之间的辩证关系。加强企业文化建设的系统性，还要尊重企业文化建设的规律。第一，根据内外部情况确定企业的经营战略，这是企业文化建设的前提；第二，以企业战略为依据，引入企业价值观与企业精神，这是企业文化建设的基础框架与方向；第三，在企业价值观和精神的指引下，进一步完善企业制度与员工行为，将核心文化理念制度化、行为化，具备更好的操作性和落地性，从而推进文化理念对员工行为的牵引和转变；第四，企业文化物质层建设是企业文化精神层在硬件设施与环境因素层面的体现；第五，企业文化的宣贯和落地。

企业文化的结构层次与建设步骤是一个有机整体，环环相扣，缺一不可。不从战略出发进行价值观的导入和精神文化的确立，或者确定了精神文化而不注重制度文化与物质文化的维护、体现与强化，这种所谓的企业文化建设，没有系统支持，最多只是昙花一现，很难落地生根，也很难使员工产生共鸣。

（二）企业文化缺乏个性特征

企业文化是在特定的环境与背景下形成的企业所独有的文化形式，是一个企业区别于其他企业的最重要的因素之一，也是企业核心竞争力的体现，不同企业拥有不同的价值内涵，因此，企业文化也应是充满个性的。

当前，很多企业在文化建设过程中的投入不足，文化理念的研究过于简单化、形式化、千篇一律，缺乏建立在本企业优秀传统基础上的文化因子的提炼与挖掘，无论使命、愿景、价值观还是企业精神，都浮于表面，整个文化系统缺乏张力，缺乏与所在企业息息相关的文化个性，无法让人感受到其深层次的文化内涵。

（三）将企业文化等同于文化活动与形象设计

在为企业提供文化咨询的过程中，我们发现大量企业对于企业文化的认识还处在较浅的层次，很多企业把企业文化建设等同于文化活动，认为企业经常性地组织员工的各项文体活动，统一了着装，统一了企业标识，也就完成了企业文化的建设工作。其实，这些都只是企业文化建设的部分工作，系统的企业文化建设包含精神层、制度层、行为层和物质层四个层面，需要循序渐进，任何一个层面的不完善都会影响整体企业文化作用的发挥。

企业文化建设必须在必要的人员配备、组织保障和资金支持的基础上，结合企业长期发展战略，形成从企业文化愿景、使命、核心价值观塑造，到通过各种手段在员工内部进行培训、宣贯，再到多种方式和渠道的文化落地实施，最后到对文化建设效果的评估与提升的全过程。只有把握好文化建设的所有环节，才能最终实现提高员工归属感、凝聚力的目标。

（四）墨守成规，企业文化不能与时代同频共振

面对快速变化的经济环境和激烈的市场竞争，求变、求新成为众多企业生存与发展的主题，企业文化建设也是如此。但在实际工作中，仍有很多企业的文化建设工作难以跟上外部环境与企业发展的变化，管理者及员工沉浸在既往形成的文化氛围之中，甚至"不知有汉，无论魏晋"，完全无视外部环境天翻地覆的变化，出现了企业战略、业务发展要求与当前企业文化的严重脱节甚至背离。当然，我们承认，企业文化的一些最本质、灵魂性的东西，不会因外部环境的变化而轻易更改；但是，企业文化也应当与所处的时代同频共振，适时地变更企业文化的理念、载体、制度与执行方式等，这样的企业文化才具有生命力。

（五）管理政策与企业文化不一致，组织信任度较低

管理政策主要是指发展规划、业务计划、管理制度与各项管理措施。当前很多企业存在的问题是，管理者在制定政策时忽略了与企业文化的一致性，或者从短期、局部利益出发，人为地牺牲了企业文化中所倡导的价值理念。

第三节　企业文化表现系统设计

优秀企业文化的形成靠理念引领，靠实践养成。如前所述，企业愿景、使命、价值观等核心理念的设计是企业文化建设的基础。企业文化理念体系形成之后，采取必要的方式和手段使理念体系全面地展示在员工面前，指导员工的日常工作和行为，使员工在实践中对企业文化进一步认知与认同。这是企业文化落地的关键一步。

在多年企业文化体系建设与推广的过程中，汉哲咨询公司形成了企业文化理念

落地的"三化"理论，即通过企业文化"理念丰富化""理念标准化"和"理念生动化"三种渠道，在企业文化理念体系（理念层）与企业文化落地（行为层）之间搭建有效的桥梁。

一、理念丰富化：《企业文化手册》设计

所谓"理念丰富化"，就是要把文化理念体系介绍明白，把文化理念的由来、内涵等表述清楚，使读者对企业文化有一个系统、全面、立体的认识。其中，《企业文化手册》的编制和发布，是文化理念丰富化的标志性工作。

《企业文化手册》是对企业核心理念进行标准化阐述的文字范本。文化理念确定之后，为了确保各级人员对于理念理解的一致性，应通过《企业文化手册》的形式固化下来，不仅能够帮助员工更好地理解企业文化，而且是后期文化宣传、培训与传播的蓝本。

（一）《企业文化手册》的内容

一般来讲，《企业文化手册》（以下简称《手册》）都会包含以下几个方面的内容。

1. 前言及说明

对企业文化建设的意义、企业文化理念提出的背景、企业文化建设的目标、企业文化的指导思想等进行说明。

2. 企业简介与发展战略

企业简介与发展历程部分，主要介绍企业发展历史、主要经营范围、重大事件、主要成就、获得的荣誉与奖励等。多数企业也会在此部分概要地介绍企业的发展战略、发展目标等，从而可以使读者从历史、今天、未来三个维度理解企业的全貌。

3. 核心文化理念

本部分是《手册》的核心。一般会有一张文化理念体系的整体结构，使读者能够了解文化理念的整体架构。同时，采用图文并茂的方式对企业愿景、使命、价值观、企业精神等核心文化理念的由来、内容、含义等进行具体、深入的阐述和说明。

4. 主要运营理念

结合企业业务价值链的特点以及企业的战略定位，对核心经营理念、管理理念、组织理念等进行阐述。

5. 行为规范

对员工的行为规范进行解释和说明，行为规范有的比较概括，有的则比较具体

和详细。

6. 视觉识别系统

介绍与员工日常工作关系密切的视觉识别系统,如企业色、企业标准字、企业标识、文化象征与吉祥物等,并介绍上述设计的来源及寓意。有的企业还有司旗、司徽、司歌等,一般也在这个部分进行介绍。

7. 结束语

对《手册》的内容进行总结和归纳,说明与企业文化有关的其他事项。

(二)《企业文化手册》的编制

《企业文化手册》(以下简称《手册》)的编制是对企业文化理念进行文本标准化和系统化的过程,也是补充相关文字、图片等材料,使企业文化体系更加丰满和充实的过程,通常包括如下几方面的工作。

1. 名称策划

《手册》的命名一般采用三种方式。

第一种,也是最简单的命名方式,直接以企业名称命名,如《××集团企业文化手册》。

第二种,对企业文化核心内容进行高度凝练,以主副标题的形式命名。

第三种,直接以类似书籍、文件的命名方式命名。

2. 架构确定与资料准备

与书籍、文章写作类似,《手册》在编写前应先确定整体手册的架构,明确分为多少篇章,包含哪些内容,结构设计中要注意各篇章的整体性与连贯性。为了做好《手册》,需要大量文字、图片资料,这些素材往往不是现成的,有的需要在浩如烟海的档案库中查找,有的需要重新编写,经公司相关部门的确认,这些都需要大量时间。

3. 内容编写

《手册》编写过程中,既要把大量的信息介绍清楚,又要重点突出,清晰明了;既要平实、易读,又要具有可读性和感染力;同时,还要注意结构的均衡性、读者的阅读习惯等。一个好的文化手册文稿,往往要历经千锤百炼。

4. 艺术设计

作为对内、对外传播企业文化的载体,《手册》不仅要内容美,也要形式美,因此,一般《手册》都要经由专业机构的设计。

在设计的过程中需要注意如下几个方面。

首先,《手册》的格调要与行业和企业的特点相符合,例如,科技、互联网类企业的文化手册多数采用浅灰、浅蓝色调，具有现代感、轻快感；而大型金融机构的《手册》就不太会选择这种风格，而更倾向于采用厚重的色彩，让读者感觉大气，具有强烈的视觉冲击力。

其次，《手册》的设计还要跟企业的文化主题、文化品格等力求一致。一家强调创新的企业，它的《手册》应当也是轻快、精巧、独具创意的；而以稳健、严谨为基调的企业文化，其《手册》风格应当是比较正式、严谨、色调偏于凝重的样式。

最后，为了增强可读性与美感，应适当加入图片、图案，做到生动形象、图文并茂，但也要避免盲目堆图，或图案风格迥异。无论何种设计风格，最终都是要服务于企业文化理念的阐述。

二、理念标准化：员工行为规范编制

企业文化落地的重要标志是能否"内化于心，外化于行"。只有被员工理解、认同并自觉践行的文化理念，才能转化为企业的竞争力；只有渗透到员工日常行为中的文化理念，才能真正有效提升凝聚力与战斗力。因此，在核心文化理念的基础上编制《员工行为规范》，就成为各家企业在文化塑造中非常重要的一项工作。

（一）行为规范在文化建设中的作用

制定《员工行为规范》的目的是通过规范员工行为，统一员工形象与行动，促使员工养成良好的行为习惯，由"他律"走向"自律"，推动企业文化在员工行为层面得以反映和体现。具体来说，行为规范的作用体现在三个方面。

1. 通过明确标准，对员工行为进行引导

通俗来讲，行为规范就是企业对员工行为所提出的统一标准。通过行为规范，企业明确告知员工：在何种情况下应当采取何种行为，以及什么是企业所倡导的行为。有了这一套标准，员工也就清楚了在公司文化的要求之下，应当如何做事。

2. 通过知识传递，对员工行为进行规范

行为，从某种意义上也可被看作是一种"技能"，有时员工做事粗糙、不够职业等，并不一定是其内心所想，而是确实不知道应当如何做才是职业的、高效的、正确的，从这种意义上说，行为规范有的时候更像是一份教材，通过对行为技能的培训和传授，告诉员工在什么情况下应采取什么样的行为方式，从而提升员工的职业素养。

3. 通过有效激励，对员工行为进行塑造

从心理学上讲，趋利避害是人的本能，人们对某种行为是否可行的判断，在一

定程度上与这种行为所能带来的"价值"或"危害"有非常大的关系——那些对自身有利的行为会不断被强化，而对自身不利的行为则会逐渐弱化。行为规范，就是对企业所倡导行为的正向强化，通过它，员工可以了解企业所要求的行为方式，并通过自觉践行这种行为而获得企业的认可和其他员工的尊重，这种激励作用促进了员工良好行为习惯的养成。

（二）行为规范的类型

我们基于对数百家企业文化体系的研究，将企业的行为规范大致分为三种类型：第一种是覆盖全员的通用行为规范，第二种是分层分类的行为规范，第三种是以职业化为基础的服务型行为规范。

三种行为规范各有其特点和适用范围，通用行为规范的优点是管理简单，易于传播和推广；分层分类的行为规范，其优点是根据不同岗位层级、岗位序列的工作特点设定行为要求，针对性强；服务型行为规范则把文化理念、服务标准、职业化要求等进行了融合，对于面客服务型企业来说，实现了文化与形象的一体化管理。

1. 通用行为规范

（1）定义。通用行为规范，是面向全体员工、要求全体共同遵守的行为规范，也是最经常使用的行为规范类型。规范内容来自核心文化理念，严格对照文化理念，提出哪些行为是鼓励的，哪些是不被允许的，进而统一全公司员工的行为步调。

（2）编制要点。首先，应注意规范的全面性，要做到全面，需要先明确员工"基础行为"的概念，然后，要明确"基础行为"当中哪些要以行为规范的方式加以明确、规范、固化，在充分权衡每一个"基础行为"的前提下进行选择。

其次，因为通用行为规范要面对企业的全体员工，而员工的学历、背景、对管理的理解等有非常大的差异，为了让更多的员工消化规范的内容，减少员工对规范认知和接受的阻力，规范的编写风格一定要精简、通俗易懂。

最后，由于通用行为规范要覆盖不同岗位、不同工作性质的人员，对其描述的要求更高，不仅需要精练准确，而且要符合不同环节的运作特点与管理实际，让不同角色的员工都能从中看到企业文化对自己的行为要求。

（3）案例。中国石化催化剂有限公司员工行为指引（节选）。

中国石化催化剂有限公司是中国石化的全资子公司，是中国石化催化剂生产、销售和管理的责任主体，也是催化剂业务的投资平台。经过15年的专业化发展，催化剂公司的生产规模逐步扩大，技术水平不断提升，经营效益逐年攀升，已经成为国际知名、亚洲最大、中国第一的炼油化工催化剂生产商、供应商和服务商，初步具备了向世界一流催化剂公司迈进的基础和条件。

经过历时一年的研究与讨论，催化剂公司建立了以"开放包容、创新引领、绿色发展、精细严谨、以人为本"为核心的价值观体系，在此基础上，全面开展《员工行为规范》的设计工作。经过多轮研讨，对应于价值观的每一个构面，形成员工行为规范体系。以核心价值观"开放包容"为例。

开放包容，就是始终保持开放包容的心态，吸引全球优秀人才，接纳全球多元文化，学习全球先进的科技与管理经验，积极融入全球产业循环。坚持对外合作，对内融合，开放胸襟，拥抱他人与世界，实现包容性成长。

基于以上诠释，经过充分征集意见及研讨，确定如下四条行为规范可对"开放包容"的价值观形成有力支撑。每条行为规范都按照"请了解""请做到"的方式进行规范的描述。

① 学会理解和尊重，你会收获很多。

请了解：公司希望与员工共同打造充满活力的工作氛围，希望同事之间相处更融洽，希望公司的每个团队及每位员工都能够具有兼容并蓄的境界和能力，这是取得卓越成就的基础。

请做到：同事之间，要多了解对方的想法和立场，尊重对方，求同存异，消除分歧。遇到问题开诚布公、推心置腹地沟通，不要互相隐瞒和抱怨。部门之间要多一些换位思考，多替对方想一想。这样，我们就会拥有一个相互理解、相互尊重的团队，就能凝聚一切力量，化解一切矛盾，战胜一切困难，取得更大的成功。

② 合作会让事情变得简单。

请了解：公司倡导每位员工和领导都具有合作精神，各分子公司之间能够相互取长补短，促进资源的有效利用，发挥其最大价值。同时，我们也要学会与全球的合作伙伴、供应商、客户、人才密切合作，以此为契机不断增强我们的核心竞争能力，促进我们走向世界一流。

请做到：合作意味着决策时能集思广益，我们希望员工在工作中能够解放思想、开拓思路，寻找到"最优解"。合作也意味着积极地对接外部资源，开放地寻求合作模式，引入、融合社会各方资源，为公司发展提供最优的解决方案。

③ 共赢是我们永远不变的追求。

请了解：公司提倡"让对方多赢，最终实现共赢"的发展理念。秉承在一切活动中寻求互利的思维模式，通过平等协商，获得两全其美的解决方案。

请做到：要有勇气表达自己的想法和感受，也能理解他人的情感和信念，通过换位思考，理解他人的诉求，在坚持核心原则的前提下适度让步，首先把事情做成，在成事的大背景下寻求价值分享与共同成长。

④ 做世界一流的企业不是说说而已。

请了解：我们是在一家世界500强企业工作，这是一种荣誉更是一份责任。未来公司还要不断发展壮大，提升能力，提高在国际上的影响力与知名度。做世界一流企业，首先要有开放的胸怀，要海纳百川，汇聚各方力量，共同为事业的发展而努力。需要一流的人才队伍，为此，公司与大家一起努力。

请做到：秉承包容的心态对待身边的同事，秉承开放的心态面对竞争与挑战，以最高的标准要求自己的工作，凭借水滴石穿的不懈努力，助力企业走向世界一流，成为行业的领导者。

2. 分层分类的行为规范

（1）定义。通用行为规范固然具有普遍性，但从另外一面来看，其对特定层级、特定领域人员行为的具体指导作用似乎缺少了针对性，这就容易形成"看起来都对，但似乎又不特别适用"的情况。因此，很多企业选择了更为复杂的方式，即根据岗位职责拟定干部行为规范、员工行为规范，或按工作性质划分序列，拟制不同序列人员的行为规范，如销售行为规范、生产行为规范、服务行为规范、管理行为规范等。这种行为规范的拟制方式，看似增加了复杂度，但是对不同层级和序列人员的针对性加强，反而更加容易推广和使用。

（2）编写要点。

首先，要考虑分层的问题。一般企业分为干部和员工两个层级，基于其不同的角色定位编制行为规范；也有的企业进一步划分为领导行为规范、管理干部行为规范、员工行为规范三个层次。同一层次的行为规范，应归纳其共性，求同存异。

其次，要考虑分类的问题。由于企业所处行业不同、类型不同，注定拥有不同的价值链、不同的职能与组织形态。因此，在编制不同价值链环节、不同职能环节、不同业务条线、不同岗位类别的行为规范时，既要考虑核心文化理念，也要兼顾企业战略定位、运营管理、组织理念等，如此，才能使分层分类的行为规范更加贴合业务的特点。

最后，应关注行为规范的覆盖面问题，无论是分层还是分类，都应尽可能覆盖到每一个层级、每一个类别的每一位员工，以使人人有规范可以遵循。

（3）案例。某股份制银行员工行为规范（分层）。

某股份制银行的行为规范分为三个层级：银行领导行为规范、中层干部行为规范和员工行为规范，由此可一窥该行对不同层级人员的差异化要求。

① 银行领导行为规范（此处银行领导包括行经营班子及同等级高级管理人员）。

第1条　坚持科学发展观，走理性、稳健、审慎、安全发展之路，实现效益、质量、规模的协调统一。

第2条　充分理解我行战略意图，敏锐把握政策导向、宏观经济发展趋势，结合我行实际，积极推动战略实施。

第3条　以大局为重，坚持民主集中制，对会议决议坚决执行，不打折扣。

第4条　和衷共济，相互支持，主动补台，从自身做起，营造和谐的工作氛围。

第5条　正确处理业务发展与防范风险的关系，积极推进风险文化建设。

第6条　决策之前充分调研，周密计划，勇于承担决策责任。

第7条　布置工作目标清晰，要求明确，责任具体。

第8条　与时俱进，持续学习，引领创新方向，打造比较优势。

第9条　培养人才，发现人才，关心人才，营造以人为本的组织氛围。

② 中层干部行为规范（此处中层干部包括总行各部门总经理、副总经理，以及各分支行行长、分支行部门经理和副经理等）。

第1条　学习和落实科学发展观，坚持理性、稳健、审慎、安全发展之路，实现效益、质量、规模的协调统一。

第2条　以我行战略为导向统筹安排工作，坚决执行全行战略部署。

第3条　严格按照法律法规及我行相关规定开展工作。

第4条　树立风险意识，及时、准确向上级反映潜在风险，主动制定防范与化解风险的措施。

第5条　积极发挥参谋、助手作用，确保向上级提交的报告或提案明确、具体、可操作性。

第6条　服从组织安排，对会议决议和上级指示反应迅速、坚决执行；对下属工作要求明确，指导到位。

第7条　树立服务意识，急客户及基层之所急，主动沟通，主动作为。

第8条　在授权范围内主动承担领导责任，果断决策，不推诿。

第9条　适应全行发展要求，改进工作方式方法，推动本部门产品与服务创新。

第10条　制定政策之前，充分调研，立足现实，不随意，不盲目，不妄断。

第11条　任人唯贤，处事公正，善于识人、用人、育人。

第12条　胸怀坦荡，以德服人，营造和谐高效的团队氛围。

③员工行为规范（此处员工指总行、各分支行科级及以下干部与普通员工）。

第1条　学习领会我行发展战略，坚决执行全行战略部署。

第2条　认同我行价值观，个人职业生涯规划符合我行发展需要。

第3条　时刻保持风险意识，主动识别、抵制内外部违规、欺诈行为。

第4条　树立保密意识，未经授权，不泄漏本行保密信息。

第5条　及时、准确提供调研信息及经手业务资料，不制作虚假或误导性记录。

第6条　严格执行各项规章制度与业务操作流程，对于没有规定或不确定的事项及时请示、汇报，不自作主张。

第7条　服从工作安排，顾全大局，勤恳、踏实工作。

第8条　树立求真务实的工作作风，不做表面文章，不铺张浪费。

第9条　准确把握上级交办的任务，尽心尽责，注重效率，按时、保质、保量完成。

第10条　工作中出现失误，先从自身找原因，及时向上级汇报，不推诿责任并采取切实行动弥补过失。

第11条　细心观察内外部客户需求，在资源、制度允许的前提下，立足本职工作，努力实践服务创新。

第12条　开展工作中不摆架子，不"吃拿卡要"，以专业技能和严谨高效的工作作风赢得客户的理解与支持。

第13条　处理客户要求时，态度热情，及时沟通，明确答复，积极为客户排忧解难。

第14条　诚恳对待同事，主动体谅、支持、配合同事的工作。

第15条　正视自身不足，持续提高专业技能并运用到实际工作中去。

（4）案例。京宁热电员工行为规范（分层+分类）

京宁热电的员工行为规范，采取"全员"+"高层"+"中层"+"各岗位"（生产一线人员、机关工作人员）的综合分层分类模式，具有更好的系统性与灵活性。

①全员行为规范。

热爱祖国：为自己是中国人而自豪，以振兴中华为己任，促进民族团结，维护祖国统一，自觉报效祖国。

遵纪守法：自觉遵守国家法律法规，严格执行企业各项规章制度，绝不利用职务之便谋取不正当利益。

爱岗敬业：忠于职守，以岗位职责为荣，努力提高专业技能，尽心尽力，高标准履行职责。

开拓创新：紧跟时代发展步伐，不受固有思想束缚，不断开拓新的领域，不断创新工作方法。

诚实守信：说老实话，做老实人，办老实事，表里如一；讲信用，守诺言，说到的一定做到。

团结友善：真诚、友善地对待同事，营造友好的工作氛围，团结一心推进企业发展。

勤俭节约：珍惜自然资源，节约运营成本，反对铺张浪费，养成节俭、健康的生活习惯。

言行得体：遵守社会公德，注重言行细节，讲文明，懂礼貌，展现良好的企业员工形象。

② 高层领导行为规范。

识大局：能够从集团和企业长远发展的角度思考问题，进行决策，不拘泥于短期、局部利益。

有作为：敏锐把握行业发展趋势，与时俱进，积极作为，抢抓发展机遇。

当重任：在实事求是、发扬民主的前提下，科学、果断决策，敢于承担决策责任。

守廉洁：牢固底线意识，严格自律，清正廉洁，绝不利用职之便谋取私利。

爱员工：尊重、关心、爱护员工，充分调动员工工作积极性，帮助员工成长和发展。

树榜样：要求员工做到的，自己必须先做到，为员工树立榜样，用行动影响员工。

③ 中层管理者行为规范。

顾大体：当部门利益与企业整体利益冲突时，以企业利益为重，服从企业发展大局。

担职责：精心做好内部管理，积极改进工作方法，敢于对自身的管理行为负责。

强执行：高效执行企业决策，高质高效完成工作任务，确保本人及下属严格遵守公司规章制度。

擅组织：科学、合理分配工作，充分发挥下属长处，积极协调本部门与其他部门的业务合作。

修自身：以谦逊的姿态正视和反省自己，及时发现不足，有针对性地进行改进。

助下属：积极帮助下属提高工作能力，帮助下属解决工作和生活中的困难。

④各岗位行为规范。

a．生产一线人员行为规范。

秉安全：严格规范执行操作流程，一丝不苟对待工作，确保安全生产。

尽责任：清楚自身的岗位职责，优质、高效履行岗位职责，与同事密切协作完成工作。

精操作：熟悉生产设备的工作性能，不断提升设备操作技能，精心维护设备。

重学习：结合岗位工作需要与自身不足，实现学习常态化，持续提升工作能力。

敢创新：在不断夯实和提升专业技能的基础上，敢于创新和改进工作方法。

敬他人：尊重他人，乐于助人，积极换位思考，理解和善待同事。

b．机关工作人员行为规范。

保生产：牢固树立为一线服务的意识，以优质的保障服务，推进安全、高效生产。

近一线：经常深入生产一线了解工作实际，有针对性地为一线提供指导、服务和监管。

通业务：努力学习，精通本岗位及相关岗位的工作技能，持续提升专业水平。

讲效率：与生产一线密切配合，持续提高办事效率，反对官僚主义。

会沟通：以工作为中心，积极主动、充满善意地与同事，尤其是生产一线同事沟通。

勤改进：紧跟时代脚步，与时俱进地创新与改进工作方法。

3．以职业化为基础的服务型行为规范

（1）定义。以职业化为基础的服务型行为规范，主要适用面客服务型企业，如银行、电信、地铁、商业等。这种行为规范的特点是以职业化为基础，融合多种管理体系于一体，包括企业文化理念、商务礼仪、岗位服务程序、业务程序、安全与风险管理程序等。由此，不但从文化落地的角度规范了员工的日常行为，也从服务标准化的角度提高了业务执行的规范程度，能够把企业所推崇的文化理念，在员工的层面迅速标准化和展现出来，是一种行之有效的方法。

基本的社交礼仪和行为举止，起到规范员工的言行举止和工作习惯的效果，且适用范围广，上至董事长、总经理、CEO，下至一线工人基本都适用。员工基本行为规范主体内容一般包括社会道德规范、职业道德规范、岗位行为规范、商务礼仪规范、顾客服务规范、安全行为规范等。

（2）编制要点。此类行为规范的编制与开发，不仅是文化推广团队的责任，更多地要与服务管理团队结合，要把业务流程、服务要求写进去；同时，为了让全体员工能够执行这个行为规范，最好的方式是在已经执行较好的团队中选取标杆，让标杆团队参与进来，在他们的基础上提炼、融合、升华，也就是所谓"从群众中来，到群众中去"，这样的行为规范更容易落地和推广。

三、理念生动化：文化标杆与案例征集

众所周知，讲故事是传播理念、引发思考、引人向善的最简单也最直观的方法。那么，作为企业宗旨的企业文化，如何利用"讲故事"的方式进行传播呢？

30多年前，海尔提出了自己的企业宗旨：真诚到永远。即便从今天来看，这个提法也是非常经典的。第一有深度，直达人与人沟通交流的本质层；第二有共鸣，试想，在满世界还是口号的时代，这样一句颇具煽情色彩的文化口号，会拨动多少人的心弦？第三有力度，表述简单，立意清楚，朗朗上口。正是这句口号，温暖了千百万用户和消费者的心，让海尔品牌成了中国制造的诚信标签。

为了让员工在行动中践行"真诚到永远"，海尔在文化落地方面率先提出了"观念—故事—规范"的文化落地模式，率先采用一个个员工身边的案例和小故事，形象、生动地对"真诚到永远"进行阐述，让员工清楚这句口号与"我"的关系，以及"我"应当如何在工作中实践这句口号。案例推广对于海尔文化的落地起到了非常重要的作用，甚至有人评价说，海尔的企业文化就是由一个个小故事串起来的。

成功的企业一般都有其独特的文化，而文化背后又一定蕴含着许多动人的案例和故事，通过讲故事对文化进行释义和传播，已被证明是行之有效的方式。

（一）树立文化标杆与案例的意义

企业以自身创业及发展变革过程中的特殊事件或感人事例为基础，通过讲述一个个鲜活的故事，不仅给员工以心灵的触动和精神的震撼，而且将文化理念送达员工的内心，引发员工的思考。归纳而言，企业文化标杆与案例在文化传播中的作用主要表现在以下方面。

1. 讲述身边故事，使文化触手可及

通常，企业文化理念总会给人一种抽象和无法触及的感觉，如何被广大员工接

受、理解和认知，是一个非常艰难的过程，而文化标杆和案例，通过对发生在员工身边的、与企业文化的倡导同向而行的事例讲述，让员工清楚地感受到，企业文化并不遥远，就在"我"身边；践行企业文化也并非难事，把身边的点滴小事做好，就可以践行企业文化。

2. 树立文化标杆，起样板示范作用

榜样的力量是无穷的，通过企业文化案例和故事，能够在员工心目中树立起样板，为员工践行企业文化提供参照，让员工身边的故事成为其行动的标尺和指南。

3. 凸显文化荣誉，令员工尊重效仿

当一种行为被当作模范和样本得到广泛推广，这种行为和这一行为的主人也就成了荣誉的象征，而这种荣誉会激发起员工积极向上、不甘示弱的热情。当员工们清楚企业所提倡和鼓励的行为时，就会按照这一标准来要求自己，争取荣誉，在这个过程中文化理念自然也就融入了员工的行为之中。

（二）文化标杆与案例的征集和编写

企业文化标杆与案例的征集，本身就是文化建设中的一项重要活动。通过标杆与案例的征集与编写，不仅能够促进文化知识的普及，也将最大限度地发挥员工的积极性、创造性与参与感。通常，企业文化标杆与案例的征集编写遵循以下流程。

1. 企业文化标杆与案例征集方案

方案中应明确企业文化标杆与案例征集的目的、意义、活动时间表、案例主题及内容、写作要求、参与方式、案例评选及入选办法、活动联系人等内容。

2. 征集活动发布

在全公司范围内发布案例征集通知，并以会议方式召集相关人员，对案例征集标准、撰写要求、评选办法、日程安排等进行集中讲解和部署。

3. 案例收集与筛选

在案例征集期间，对所有提交案例进行分类和整理，根据不同主题将案例进行归类，形成企业文化案例库，并从中选取与活动主题最为相关、最具有典型性和感染力、内容编写最规范的案例，汇总形成不同主题的文化案例集。在案例选择方面，应兼顾案例写作水平、与企业文化导向的一致性、内容分布均衡性等因素，综合、全面选取适宜的案例。

4. 案例修改与完善

对已经纳入案例集的案例逐一进行核实，以确保案例描述的准确性与真实性，避免虚假案例或过分夸大、缩小某一事件影响力的情况；同时，为使案例的篇章均匀，更具有可读性，也需要根据入选案例的实际情况进行适度修改，力求主题鲜

明、文字精练、故事生动，有时编者也会结合案例反映的文化主题进行点评，以引导读者对案例的理解。

5. 标杆与案例的评选与发布

标杆与案例评选作为企业文化推广活动中的一环，不仅是编成案例并发布出去，还要让整合活动的过程有声势，让更多的员工关注。为此，往往把标杆人物、优秀案例的评选和发布做成一场有声有色的活动，包括组织全员对标杆人物或案例进行投票，选出大家心目中的文化标杆；组织盛大的文化案例发布与颁奖大会，由获奖者亲自跟大家交流感想；设计、印制、发布《企业文化案例集》，配以精美的插图，作为文化宣传的重要载体。

6. 案例的全媒体传播

随着科技的发展，以往案例仅在企业内刊上刊载的时代已经过去，如今标杆人物与案例集传播方式已经非常丰富，可以在网站、微信发布，也可以拍成短视频，在抖音等平台分享，传播形式更加丰富，信息阅读更加便捷，传播范围更加广泛。

（三）企业文化案例的编写技巧

企业文化案例就是要通过生动活泼的语言，对企业中发生的、与企业文化所倡导的方向一致的人物和事迹进行详细描写。在案例集的编写过程中，并不需要编纂者具有多好的文学功底。案例故事的价值，首先在于它的可读性、对读者的吸引力以及故事本身所隐含的感染力，而这些的基础首先在于选题。

1. 企业文化案例的选题

根据内容不同，企业文化案例故事可分为企业创业及发展历程、公司经营变革与重要历史事件背后的故事、与企业核心理念相关的事例和人物等。在故事采集中，通常也会围绕企业文化理念、员工行为规范等方面的内容进行素材搜集。

企业文化理念体系所包含的内容，就是文化案例征集的范围，也是文化故事写作的核心，凡是企业生产经营中倡导的、推崇的思想、行为，都可纳入故事的采集范围。一般来说，案例故事应尽可能包含企业文化的各个方面，展现企业的整体风貌。从组织层级上，要尽量涵盖企业各层级，如总部机关、各分子公司、各职能部门、基层单位等；从业务环节上，要尽量包含企业运营的各个关键环节，如生产经营、市场营销、科研创新、安装服务等。

2. 企业文化案例的架构

由于企业文化案例的篇幅有限（一般为500～1000字），要在很少的文字中叙述一个完整的故事，还要生动形象，把道理说清楚，没有一个清晰严谨的逻辑显然很难做到。在此介绍一种STAR方法，使用它可以使案例故事简洁明了，逻辑清晰又不失生动。

所谓STAR方法，就是要按照S—T—A—R四个环节进行故事的素材收集、梳理与架构。

（1）S（Situation，情景）。即要对案例发生的原因、背景进行描述，包括故事发生的时间、地点、起因、当时所处的局面和面临的环境。

（2）T（target，目标）。案例出现或发生后，需要完成的任务和达成的目标是什么。

（3）A（action，行动）。即行为主体所开展的具体活动，是对故事情景和细节的描述，编写时应注意把握主题鲜明、人物和事件鲜活等特点，力求做到逻辑清晰，关键细节交代完整，文字生动流畅，引人入胜。

（4）R（result，结果）。即故事的结尾，可能与目标吻合，也可能未达到目标，但案例的结果，终究是将事情的经过导向正向的结局，是对事件发生后，所造成的最终结果的一种描述。

在案例编写中，有时还要增加对案例的点评。所谓点评，就是要点出案例的选题要点，对案例所反映的主题和内容从企业文化建设的角度进行分析，使故事主题更加突出，给读者以启发并引起共鸣，这是对案例故事的总结和升华。

3. 企业文化案例的写作

作为一种特殊的文体，企业文化案例故事承载着传播企业文化理念的重要使命，因此，在写作手法上既要注重故事的真实性，也要考虑到故事的文学性与可读性，要能够感动读者，引发思考。

一是案例故事是通过企业里发生的真实的人和事达到树立标杆典型、传播文化理念的目的，因此，案例写作首先要尊重事实，也就是说，企业文化案例中的故事必须是实实在在发生的真人真事，而且其时间、地点、过程、结果等关键因素都必须真实。

二是在尊重事实的同时，也要顾及案例故事的"故事"性。在现实生活中我们经常会发现，同样的人和事，有些人讲起来感觉平淡无奇、索然无味，而有些人却能讲得鲜明生动，活灵活现，让人仿佛置身其中。这就是企业文化故事与其他文体的最大区别，它除了要尊重客观事实之外，还要通过一个"会讲故事的人"，把事情讲得生动感人。因此，在案例故事的编写中，一定要将感情色彩贯穿到整个描述过程中，通过比喻、夸张等修辞手法，增加故事的可读性与感染力。

第二章 现代企业知识产权管理

第一节 企业知识产权管理体系概述

一、知识产权管理体系

（一）知识产权管理的概念

知识产权管理有国家行政管理与市场行为主体管理两个层面的含义，是指国家有关部门为保证知识产权法律制度的贯彻实施，维护知识产权权利人的合法权益而进行的行政及司法活动，以及知识产权权利人和市场主体为使其智力成果发挥最大的经济效益和社会效益，而制定各项规章制度、采取相应措施和策略的经营活动。知识产权的有效管理是支撑创新过程的关键，对于组织的成长与保护至关重要，也是组织竞争力来源的重要引擎。

从知识产权管理的性质来看，一方面，知识产权管理实质上是知识产权权利人对知识产权实行财产所有权的管理；另一方面，知识产权管理是知识产权战略制定、制度设计、流程监控、运用实施、人员培训、创新整合等一系列管理行为的系统工程。知识产权管理不仅与知识产权创造、保护和运用一起构成了中国知识产权制度及其运作的主要内容，还贯穿于知识产权创造、保护和运用的各个环节之中。

企业知识产权管理是指企业根据其特征和市场的需要对其自身知识产权事务进行的管理。国外现代企业中强调知识产权管理属于企业经营战略的核心部分，企业应建立鼓励知识产权创造、转化、保护的管理制度和奖励机制，强化知识产权的实施、运营，以获取最大的经济效益，确保知识产权信息工作的沟通顺畅。

（二）知识产权管理体系的内容

管理体系是组织制定方针和目标及实现这些目标的过程和相互关联或相互作用的一组要素，其目标是在管理活动基础上形成一套行之有效的系统。管理体系是一个组织的制度及其管理制度的总称，组织在制定管理体系之前，首先要设定管理的目标，做好管理的规划，形成组织的管理定位，将管理过程标准化，从而实现管理的最优效果。一个组织的管理体系可包括若干不同侧面的管理体系，如质量管理体系、环境管理体系、职业健康安全管理体系、信息安全管理体系、知产权管理体系等。

二、知识产权管理体系认证

在ISO/IEC 17021（GB/T 27021）《合格评定　管理体系认证机构要求》中指出："经认可的管理体系认证遵循一定的原则，并按照认可规范的要求开展认证审核活动。贯彻认可的要求旨在确保认证机构以有能力、一致和公正的方式实施管理体系认证。"

管理体系认证（如对组织的质量管理体系、环境管理体系、知识产权管理体系等的认证）是一种保证方法，用以确保组织已实施了与其方针及相关管理体系标准的要求一致的、用以管理其活动、产品和服务相关方面的体系。

管理体系认证是独立证明组织的管理体系，其具体要求如下。

（1）符合规定要求。

（2）能够自始至终实现其声明的方针和目标。

（3）管理体系能得到有效实施。

因此，管理体系认证的合格评定活动为组织、组织的顾客及利益相关方提供了价值。认证的总体目标是使所有相关方相信管理体系满足规定要求。认证的价值取决于通过公正、有能力的评定所建立的公信力的程度。

为贯彻落实《中共中央　国务院关于开展质量提升行动的指导意见》（中发〔2017〕24号）、《国务院关于加强质量认证体系建设促进全面质量管理的意见》（国发〔2018〕3号），2018年2月11日，国家认证认可监督管理委员会、国家知识产权局联合发布了《知识产权认证管理办法》（2018年第5号公告）（以下简称《管理办法》），旨在全面规范知识产权认证活动，提高知识产权认证有效性，加强对认证机构的事中、事后监管。《管理办法》的出台是落实中国创新型国家建设和质量强国建设的具体举措，为推动构建符合中国经济社会发展需要的知识产权认证体系提供了重要的法规和政策依据。

企业知识产权管理体系是指将知识产权放在企业管理的战略层面，将企业知识产权管理理念、管理机构、管理模式、管理人员、管理制度等方面视为一个整体，界定并努力实现企业知识产权使命的系统工程。

第二节　企业知识产权管理体系构建

一、体系构建的原则

企业知识产权管理体系构建的三原则为战略导向、领导重视和全员参与。三原则从战略、领导和操作三个层面对体系的建立和运行提出了要求。这三个原则形成了一个闭环，强调知识产权管理体系不是独立的，需要最高管理者从企业经营战略高度进行总体策划以及全体员工参与，才能确保其系统运行和持续改进，规范生产经营全流程，进一步提高企业知识产权管理水平，提升企业核心竞争力。

（一）战略导向

《企业知识产权管理规范》规定，企业应统一部署经营发展、科技创新和知识产权战略，使三者互相支撑、互相促进。这表明，企业知识产权管理体系不是封闭和独立的体系，它与企业经营发展、技术研发和管理等相互融合，在建立知识产权管理体系时，要通盘考虑这些影响因素，使知识产权管理体系既能适应外部竞争环境的变化，又能适应企业内部发展的需要。

（二）领导重视

最高管理者是知识产权管理体系的第一责任人，应全面负责知识产权管理工作，最高管理者的支持和参与是知识产权管理的关键。实践表明，凡是最高管理者重视的，知识产权管理体系在企业内部推行起来都较为顺畅。因此，在构建体系时，应充分重视最高管理者的作用。一方面，在体系文件中明确其工作职责；另一方面通过多种形式的活动，如培训、会议等提升其知识产权意识。此外，有经验的体系负责人往往在启动会、调查诊断、内部审核、管理评审、外部评审等关键环节邀请最高管理者参与、监督工作。

（三）全员参与

知识产权涉及企业各业务领域和各环节，需要全员参与，应充分发挥全体员工的创造性和积极性。

所谓全员参与，一方面，所有部门都应当以《企业知识产权管理规范》为切入点，系统地了解知识产权管理体系，包括各自在体系中的位置和承担的责任，熟悉相关操作程序和记录表单等。另一方面，在实际工作中要切实落实实施体系，认真填写运行记录，发现体系中存在的问题，帮助改进、完善体系，检验和提高体系的适宜性和有效性。除此以外，还应积极参加知识产权相关培训，不断学习，提高知识产权意识和运用能力。

二、体系构建筹备

企业知识产权管理规范工作是一项系统工程，周期长、环节多、参与人员多，因此筹备工作显得尤为重要。从实际工作看，目前很多企业往往忽视了这个环节，直接导致各部门对规范的目的、意义以及内容了解不够，影响后续工作的开展。那么企业在筹备阶段应该从哪些方面进行规划和准备呢？

（一）可以选取合适的辅导机构签署辅导协议

知识产权管理体系规范工作可以不找辅导机构，由企业自己按照《企业知识产权管理规范》建立知识产权管理体系。但是，相对于其他体系来说，知识产权管理体系专业性非常强，加之这项工作是系统工程，时间长、涉及部门众多。因此，目前绝大多数企业选择辅导机构。辅导机构的选择可以从服务年限、行业口碑、辅导业绩以及辅导人员的能力、辅导经验等方面进行考察。确定辅导机构后，双方应签订辅导协议。辅导协议最重要的是明确双方的权利和义务、落实保密和知识产权权属条款。

（二）成立领导小组和工作小组

成立领导小组是领导重视的具体表现，目的是统一管理层思想，推动知识产权管理体系构建、实施运行和持续改进。工作小组是知识产权管理体系规范工作推进的核心部门，从工作的专业性考虑，应由知识产权管理部门或体系管理部门作为主要牵头负责部门。从实际情况来看，成立领导小组和工作小组对推动知识产权管理体系规范工作的顺利开展有非常大的帮助，应作为筹备阶段的一项重点工作。

（三）确定公司知识产权管理体系组织架构，明确部门职责

这项工作直接关系体系的实施运行，需要在调查诊断基础上，由管理层、体系各部门进行沟通、确定。

（四）制订推进计划、落实时间、人员安排、工作内容等

知识产权管理体系规范工作是一个系统工程，需要投入一定的时间和精力，结合自身状况制订推进计划。

三、体系构建启动

通常，启动会为半个工作日，但对于知识产权管理体系规范工作来说意义非同寻常。它以现场召开的方式，向参会人员传递重视知识产权工作的信息，是一次动员和号召。启动会也可采用培训方式，以训代会，安排对国家和地方政府、行业政策和《企业知识产权管理规范》的讲解，使各部门充分了解知识产权管理体系规范工作，了解知识产权工作，以增强其积极性和配合度。

启动会由管理者代表主持，由最高管理者宣布管理者代表任命，成立领导小组和工作小组，最高管理者讲话。尤其需要注意的是，最高管理者讲话至关重要，它既是号召也是支持，关系到各部门对知识产权管理体系的重视程度。

四、调查诊断

（一）调查诊断的意义和方法

知识产权调查诊断是整个知识产权管理体系规范工作过程中最重要的一环。建立的体系能否符合企业实际情况，调查诊断发挥着重要作用，可以说，调查诊断是构建体系的前提条件。调查诊断可由企业知识产权管理部门或辅导机构实施。

常用的诊断方法包括资料收集、问卷调查、人员访谈、现场走访等。

（二）调查诊断前的准备

1. 资料收集

通常的做法是知识产权管理部门收集相关资料，包括组织架构图及部门职责、业务流程、知识产权管理情况、其他体系文件及清单，特别是涉及知识产权、立项、研发、生产、采购、销售和售后、人力资源等方面的制度和表单。资料的收集既是为诊断做准备，也是熟悉、整理企业内部规章制度的过程，是调查问卷设计和人员访谈的依据和基础。资料收集齐全、有针对性，能使诊断更充分，更有目标和针对性。

2. 确定调查诊断对象

（1）最高管理者。体系构建的三原则之一就是领导重视，将企业最高管理者作为调查诊断对象必不可少。同时，也是提高企业最高管理者知识产权意识的有利时机。对最高管理者进行知识产权管理现状调查时，重点是了解企业经营发展战略、知识产权战略及其工作重点及发展方向。同时，可通过正面和反面案例提高其知识产权意识，将知识产权管理体系上升到战略层面或作为工作重点。

（2）管理者代表。管理者代表作为体系的建立、实施和保持者，是承上启下的关键人物，必须将其作为调查诊断对象。通过对管理者代表进行调查，往往能确定知识产权管理体系的基调。因此，对管理者代表调查往往侧重于内外部沟通的有效性和资源的落实。

（3）各部门负责人和联络员。知识产权管理体系涉及众多部门，各部门负责人应全面掌握部门运行管理情况，也是该部门体系运行的负责人。联络员是具体实施人员，多是体系实施运行时的具体工作人员，负责记录表单。将二者作为调查诊断对象，诊断得越深入，体系的建立和运行越顺畅。

（4）其他相关人员。如合同审查人员、法务人员等可能涉及合同中知识产权条款的审查，将他们纳入诊断对象是有必要的。再如，一线生产工人，可能涉及生产工艺的改进，将其纳入诊断对象也非常必要。

（三）调查诊断流程

1. 确定诊断形式

资料收集完毕和确定调查对象后，通常就能确定诊断形式了。诊断形式一般分为现场诊断和书面诊断。现场诊断通常指知识产权管理部门拟定调研提纲，到现场与受调研人员逐一面谈的方式。书面诊断通常以调查问卷的形式邀请受调研人员回答相关内容。书面诊断易流于形式，效果不如现场诊断深入、有效。为了保证体系的适宜性，通常建议采用现场诊断形式。

2. 编制诊断计划

编制诊断计划是调查诊断的重要环节之一，诊断计划的好坏或完善与否，直接决定着调查诊断的效果。调查诊断计划包括计划时间表和诊断访谈表。调查诊断访谈表类似于记者采访提纲，是现场诊断的纲要，既要全面覆盖《企业知识产权管理规范》条款，也要结合企业实际情况，将《企业知识产权管理规范》条款要求进行分解，做到通俗易懂，对照《企业知识产权管理规范》各条款逐一编制。

3. 实施诊断

在收集完资料，相对熟悉情况后，知识产权管理部门人员按照诊断计划深入现场进行诊断。通常，现场诊断以部门为单位，与相关人员进行一对一调查，以期尽量深入。现场诊断时，须做好记录并及时填写现场调查访谈记录表。

4. 编写诊断报告

诊断报告通常包括诊断发现、诊断结论和改进建议三个方面。诊断报告是企业知识产权管理现状最直接的体现，因此，需要写得具体，具体分析企业知识产权管理现状与《企业知识产权管理规范》之间的差距，也就是诊断发现。根据诊断发现得出企业知识产权总体情况。改进建议则是结合企业实际，就诊断发现的问题进行分析，提出改进建议。

5. 反馈诊断报告并沟通

诊断报告初稿完成后应与各部门联络员进行沟通、反馈，确定其存在的问题或模糊点，最终完善诊断报告，为下一步编写体系文件打下基础。通常我们建议，由管理者代表将确认后的诊断报告提交给最高管理者。一方面，向其汇报知识产权工作现状，引起其重视，尤其是存在不足与有差距的方面可以引起最高管理者重视；另一方面，可为下一步构建、实施、改善体系获得支持。

　　以上是企业以知识产权管理部门为主进行的调查诊断。此外，还可以由辅导机构进行调查诊断，优势在于第三方相对客观、公正并能从专业角度发现问题，提出对策；缺点在于熟悉企业内部情况所需时间较长，同时存在生搬硬套的可能。由辅导机构主导的调查诊断流程和方法基本与以企业为主导的调查诊断相同。通常，辅导机构要求企业提供包括基本经营情况、组织架构图及职责、知识产权基本情况等在内的资料清单，然后以清单资料为依据，初步制订调查诊断计划，并与企业充分沟通修改后形成最终调查诊断计划，进入实施阶段。

第三章　现代企业战略管理会计

第一节　企业创新决策的实施环境

创新已成为当今世界经济与社会发展的重要主题。自熊彼特系统论述创新理论开始，各国学者不断探索创新理论对现实人类社会的指导意义。随着经济全球化和数字科技的高速发展，科技创新成为企业转型升级的重要驱动力，创新也由此被赋予引领企业战略发展的重要内涵，并与创新筑基和制度赋能共同构成整合式创新理论体系。由此，创新决策与企业战略发展紧密联系。本节在理论分析的同时，以中国乘用车制造业为例，探寻创新投入的经济效益，进而分析企业创新决策的实施环境，探寻创新筑基和制度赋能对战略引领下的企业创新决策行为的作用力。

一、企业创新理论的来源

根据《中共中央关于制定国民经济和社会发展第十四个五年规划和二○三五年远景目标的建议》，对"十四五"期间科技创新进行规划，在宏观层面的主要任务包括强化国家战略科技力量、提升产业技术创新能力、逐步从创新驱动走向创新引领，在微观层面的主要任务包括培育科技领军企业、形成以企业为主导的创新发展模式、培养创新型企业家。因此，建设科技创新强国与培育世界级创新企业成为中国未来五年创新发展的主要命题。

根据波士顿咨询公司（BCG）发布的2021年全球最具创新力50家公司，中国公司仅占5席，分别为华为、阿里巴巴、联想、腾讯和小米，这与中国世界第二经济体的地位严重不符。因此，培育世界领先的创新型企业依然任重道远，按照波士顿咨询公司的评价体系，创新战略、创新体系、创新人才和创新文化是培育世界领先创新型企业的四个维度。因此，未来中国创新的主体在于企业，而研究创新发展的微观层次也应该始于企业。

二、企业创新理论的发展历程

自熊彼特提出企业创新思想以来，学者们围绕企业创新的实践，结合各国各区域经济发展环境提出了一系列创新理论。欧洲学者提出了设计驱动创新、社会创新、公共创新、责任式创新；亚洲学者提出了精益创新、知识创新、朴素式创新、模仿创新、自主创新、全面创新。在一系列创新理论思想中，精益创新、战略创新、产品和工艺创新、商业模式创新、封闭式开发、开放式创新、制造商创新、免费用户创新、研发驱动创新、设计驱动创新、高端创新、朴素式创新等一系列热词成为创新战略的研究主题。

然而，上述创新思路及创新理论对中国现阶段企业创新发展的指导性仍不够全面。用户创新、颠覆式创新、设计驱动型创新、知识创新和模仿创新思想仅立足于局部思维；开放式创新、全面创新、自主创新、协同创新思想只重视横向知识、资源、人员等要素的整合，缺少纵向垂直的有机整合；责任式创新、公共创新、社会创新、朴素式创新等思想过于倚重概念、文化或社会因素。随着社会进步、科技发展以及中国经济发展环境的急剧变化，亟待更为系统且具备现实指导意义的创新思想的引领。

三、新经济背景下企业创新的理论突破

随着以智能技术为代表的第四次工业革命的到来，专业化程度的提高导致社会分工更加细化，传统的企业分工模式也开始发生重大变化，以往线状产业链开始向面状发展。加之信息技术的高速发展，研发设计商、供应商、销售商等各类利益相关者在产业面状的联系中变得越发紧密，使创新成为更加开放与全球化的行为，创新的全球化浪潮势不可挡。科技创新往往不是一个国家或者一个经济体自身的事情，而是全人类共同应对并协作的事项，如应对全球极端气候问题、地球和宇宙空间开发问题等，都要创新。

与此同时，第四次工业革命的到来带动数字科技的突飞猛进，人类社会的生产和生活方式在近十多年来发生翻天覆地的变化。例如，金融数字科技的发展推动了人类几十年支付方式的改变，以平台经济、共享经济为代表的新经济发展改变了人们的出行方式、购物方式甚至休闲和娱乐方式。2020年的新冠肺炎疫情加速了数字经济对人类社会的影响，正如微软首席执行官萨蒂亚·纳德拉所说的，新冠肺炎疫情发生的两个月以来，我们见证了需要两年时间才能完成的数字化转型，而未来十年每个企业的经济表现将取决于它们未来几个月的数字化转型

速度。从这个角度来看，数字化转型是新经济发展背景下企业创新的另一个发展路径。

基于熊彼特创新思想以及一百多年以来的各类创新理论，建立一套适应新经济发展的企业创新理论，在现阶段引导企业创新发展并推动科技强国建设显得尤为必要。清华大学陈劲教授提出的一套基于战略引领的整合式创新范式成为适应新经济背景创新模式的一种尝试，从整合式创新的理论演进背景、理论框架和内涵来看，该理论范式融合了开放创新、协同创新、全面创新和自主创新的理论内涵，构建了一套服务于企业战略发展的创新逻辑框架。这一创新范式突破了企业存续长度和企业利益相关者所关注的内容，更加突出了创新成果必须具有引领性的战略高度，既具有战略意义的创新成果也是创新理论框架中的重要考虑因素。

融合中国创新驱动战略的现实环境后，基于整合式创新的中国高附加值制造战略中的战略引领内涵包括国家战略、行业趋势和企业使命三类。此外，支持战略引领的核心能力包括创新筑基和制度赋能。其中创新筑基主要为企业技术核心能力，内含自主创新、并购消化、协同创新构成的技术知识体系；制度赋能主要为企业核心管理能力，内含绩效管理、经营体系和预算管理构成的管理知识体系；而联系创新筑基和制度赋能的桥梁则是国际化、信息化和开放创新。因此，新经济背景下经济全球化以及数字化的发展，则加强了技术核心能力和管理核心能力的融合，进而推动战略引领的创新核心能力的提升。

由此，在经济全球化以及数字科技快速发展的国际新经济环境下，根据陈劲教授的整合式创新框架，中国企业在创新方面除了需要关注自身科技核心能力的提高以及企业管理能力的强化，更要注重两者的有机结合，通过强化核心能力，实现提升创新的战略引领作用，让企业创新决策行为与企业战略高度相关。

第二节　战略管理会计、智能财务发展与企业数字化转型

数字化转型是现阶段全球产业发展的重要趋势。对中国而言，丰富的运用场景和快速发展的数字科技将为中国企业提供优越的数字化转型环境。因此，如何利用数字化转型契机实现企业目标将成为中国传统企业实现转型升级的重要战略创新决策。通过业务数字化转型带动企业财务数字化转型成为智能财务发展的初期阶段，但是随着业务与财务深度融合以及"大智移云物区"等数字科技对财务工作的赋能，企业财务管理者开始主动寻求数字化转型，并进一步向战略决策支持延

伸。在智能财务发展背景下，战略管理会计对战略决策支持的功能得到显著提升，得到财务数字化转型赋能的战略管理会计也将反过来进一步推进企业数字化转型的成功。

一、数字化转型的发展态势

随着大数据、云计算、人工智能、移动互联网、物联网、区块链新一代六大数字科技的运用，人类的生产与生活方式正悄然发生改变，资源要素的配置效率较以往得到了极大提升。在数字科技的挑战下，不少企业的传统技术优势正在逐渐丧失，如何运用数字科技重建企业核心竞争力，并且构造一个更加优化的管理组织模式，与数字科技引领下的资源要素配置流程相匹配，成为传统企业转型创新面临的重要任务。因此现阶段，从宏观产业层面到微观企业层面，转型创新成为经济社会所讨论的热词，并往往都冠以"数字化"的标签，以代表转型创新的核心驱动要素。对于传统企业，数字化转型已然成为其创新决策的重要内容。以新加坡和中国为例，对发展态势进行分析。

（一）新加坡的发展态势

由美国和日本的发展态势可知，数字科技的运用对制造业转型创新具有重要作用，但数字科技对传统服务业向现代服务业转型也具有重要作用。根据新加坡2018年年底发布的*Services and Digital Economy Technology Roadmap*可以看出，新加坡已将服务业与数字技术紧密结合，认为未来现代服务业将通过数字技术的融合发展，催生更高效、更高端以及附加值更高的服务业态。相对于德国提出的"工业4.0"发展计划，新加坡提出其自身理解的"服务4.0"（Service 4.0），明确数字经济是新加坡服务业最大的潜在推动力。通过对数字技术演进的研判，新加坡规划局认为全球未来现代服务业，各个领域的发展趋势都在于更加成本效益化、更能灵活满足客户需求、更易于根据需求扩张以及更易获得新兴技术支持，而支撑以上服务业发展趋势的是利用人工智能、云计算、区块链、物联网、大数据等数字技术，最终通过数字技术实现对"服务4.0"的升级。

随着知识经济时代的到来、数字产业的运用范围不断拓宽、经济的全球化以及市场环境的深刻变化，服务业与制造业由分工、分化演化为融合渗透，服务化由此成为全球制造业发展与升级的一种重要趋势，制造业服务化也是现代服务业发展的一项重要内容。在全球城市制造业服务化领域，新加坡已处于领先地位，其中数字产业基础是新加坡制造业服务化融合发展的重要保障。约占新加坡制造业增加值1/4的支柱产业为电子信息制造产业，数字制造产业基础雄厚，并且新加坡的数字服务产业增加值常年保持7%以上的增长率，发达的数字产业软硬件基础为新加坡提供制造业服务化融合发展的基础。

发展规划上，2018年年底新加坡资讯通信媒体发展局发布的服务与数字经济蓝图被认为是全球"服务4.0"的模板。规划详细勾画数字经济推动各类服务产业发展的技术路径，其中，致力于通过大数据、云计算、区块链、人工智能、物联网等新一代数字技术的创新，推进未来制造业与现代服务业深度融合，成为新加坡"服务4.0"的一项重要内容。纵观新加坡未来产业规划，基于数字产业并由制造业服务化所演化的ICT系统集成解决方案服务、工业互联网服务平台、智能化工业解决方案服务等一系列新兴融合业态，已成为新加坡现代服务业未来所培育的重点内容，成为新加坡现代服务业发展的一大亮点。

云计算、大数据、人工智能等新一代信息技术的运用为各类消费性服务业带来全新的发展。进入21世纪20年代，伴随着5G全球商用及区块链、物联网等创新数字技术的运用，数字技术将为制造业与服务业的深度融合提供保障，制造业服务化成为融合先进制造业与现代服务业的创新业态，引领制造业转型升级，推动现代服务业向高阶形态发展。作为全球数字经济竞争力仅次于美国的新加坡，已率先意识到数字技术应用下制造业服务化融合发展的产业潜力。基于数字技术未来的演化路径，新加坡积极鼓励ICT系统集成解决方案服务、工业互联网服务、智能制造服务等制造服务化创新业态的发展，为制造业客户提供包括信息服务、传输服务、信息安全、生产资源调配、客户与供应商管理、柔性定制服务等解决方案，全面提升制造业效率，优化产业结构，提升服务产业附加值。

自2015年推出"智慧国家2025"战略发展规划以来，新加坡不仅致力于数字技术在各城市运营领域的广泛应用，还着重信息数据的整合、共享与决策支持，并在智慧城市建设方面取得显著成效。在2018年英特尔发布的全球智慧城市排名中，新加坡位列全球第一，其中，新加坡智慧城市建设的卓越之处，在于城市各类相关数据共享与信息决策支持平台的完善，并成为制造业服务化效率提高的重要保障。诸如新加坡政府鼓励建设的Go Cloud平台、PIXEL计划等公开数据平台，降低了中小服务企业进入制造服务市场的门槛，有利于制造服务业质量标准的统一，以及融入制造业产业链前端、中端、后端所有服务活动，使服务在制造业价值链中所占比重不断提高，产品附加值不断提高。

（二）中国的发展态势

中国目前是数字经济成长最好的发展中国家之一，而按照2016年G20杭州峰会后出台的《二十国集团数字经济发展与合作倡议》，将数字经济的范畴定义为"以应用先进的科学技术和信息技术作为重要因素，以现代互联网为主要平台，以信息通信手段的高效应用成为效益提高和经济结构优化的主要驱动力的一批经济活动"。按照有关文件总结，中国数字经济建设可以分成四个阶段，即信息数字化、业务数字化、数字转型、数字化治理。前两个阶段都可看作是工业数字化的过程，而数字发展与企业数字化管理则是目前工业数字化发展的另一个过程。产业数字化不但可以拓展企业的经营增长空间，推动企业的健康增长，同时也可以促进传统产业转型升级，促进整个社会转型发展。

从结构角度看，数据经济包括数字产业化和产业数字化两个部分。数字产业化，即信息产业，是数字国民经济的基本组成部分，按具体内容行业分为电子信息工业、电信业、应用软件与信息技术服务业、网络产业等；产业数字化，也称为数字经济融合阶段，指中国传统工业企业通过使用数字信息技术而带来的产品规模与制造质量的提高，从而构成了数字经济的主要组成部分。

根据中国信通院2021年4月发布的《中国数字经济发展白皮书》，中国数字经济规模达39.2万亿人民币，占全年国内生产总值的38.6%，且增速为9.6%，远高于传统经济增速。同时，数字经济内部结构持续优化，产业数字化比重持续提高，从2015年的74.3%提升至2020年的80.9%，成为拉动数字经济增长的重要力量。可以看出，传统产业数字化转型已经成为拉动中国经济增长的最重要引擎，并且数字化转型已经渗透至社会生活的各个领域以及社会生产的各个行业。基于活跃的消费市场和齐全的工业品类，中国拥有丰富的产业数字化应用场景，数字化转型将成为未来大部分中国企业转型创新所面临的重要战略决策。

二、数字化转型对财务管理活动的影响

（一）财务活动模式的数字化转型

参考陈春花等基于共生视角下企业数字化价值成长模式的研究，企业财务管理活动是企业内部运行活动的重要组成部分。在传统组织模式下，企业财务活动与人力资源管理、研发、采购等活动组成企业运营支持性活动，生产、销售、售后服务等活动组成企业基本活动，两类活动共同创造企业边际利润，即企业价值的创造是由支持性活动和基本活动共同完成的。

然而在企业数字化转型进程中，传统以企业自身为中心的内部营运管理模式将发生改变，逐渐向以客户为中心的内部运营管理模式转变。数字化时代，企业可以利用海量数据和智能算法，不仅有效消除公司内部"信息孤岛"现象，还让公司与客户建立了更加紧密的联系，让公司的研发、设计、采购、生产与售后等环节都与

客户紧密联系起来，真正实现以客户为中心的企业运营模式。因此，由于公司运营模式的改变，原本属于支持公司运营的财务管理活动，也需进行转变，进而成为支持公司客户发展或服务客户的数字化支持性活动，最终实现企业价值创造，即财务活动的数字化转型，也称财务数字化转型。

（二）财务数据与财务数字化转型应用场景

根据上述企业数字化转型的发展逻辑，为了让财务管理活动更好地支持以客户为中心的数字化价值活动，财务管理活动需要利用数字科技与公司数字化产业活动和数字化业务活动进行深度融合。按照财务信息生成的传统流程，财务信息的生成一般按照业务流程产生，如制造企业产品成本的信息来源于企业生产加工流程，并最终通过管理会计报表予以反映。然而，在数字化转型背景下，财务活动若要为支持性活动提供信息支撑，则需要按各类业务场景对象收集数据，即需要从各类生成财务信息的业务流程中获取数据，若公司内部存在大量"信息孤岛"，该支持活动的应用场景依然得不到有效实现。例如，测算柔性制造中客户定制要求的成本，财务支持活动不仅需要从研发、生产、采购、物流等流程获取支持数据，还需要从外部同类市场获取相应数据。企业数字化转型的过程，不仅将逐步实现各业务模块数据的畅通，还可利用平台化发展思路，使公司与客户、供应商、行业竞争者建立起信息渠道，业财融合模式进一步深化，赋能按场景对象使用数据的财务支持活动。

（三）企业数字化转型下会计工作边界的变动

根据以上分析，企业数字化转型将极大提高企业财务活动中获取业务数据的便利性和可靠性，赋能深度业务与财务融合，进而提升财务活动对公司数字化价值创造的支持能力，实现财务数字化转型。因此，在企业数字化转型进程中，传统企业财务工作者的会计工作边界也将发生变化。根据上海国家会计学院智能财务课题研究组的相关研究，企业数字化转型背景下，财务管理活动也面临数字化转型，而此时会计工作边界将向三个方向拓展和延伸，并且会计与业务的边界将逐渐模糊化。首先，由于业务与财务深度融合，传统会计人员的工作边界逐渐向业务人员拓展，将财务工作与业务工作进一步紧密联系；其次，随着企业数字化转型实现对财务数字化转型的赋能，企业会计工作者开始主动寻求更广泛的数字化转型方向，力图通过财务智能化发展反过来实现对企业数字化转型的支持，因此，智能财务将推动会计工作与企业IT系统的紧密合作；最后，随着会计工作向公司业务和公司IT方向的拓展，传统会计人员的业务数据分析与IT整合能力得到显著提升，由此会计人员除了财务会计的基本职能外，其在管理会计方面对公司战略支持的能力也得到显著强化。因此，数字化转型背景下，企业会计人员的工作边界将逐步向上发展，更多向企业战略决策支撑方面拓展，也可称为战略管理会计方向。

三、智能财务发展

（一）智能财务发展与财务数字化转型路径

根据上述企业数字化转型对财务管理活动影响的阐述，财务数字化转型进程往往落后于公司业务数字化转型，即在公司实施数字化转型战略的初期，受到业务数字化转型的推动，财务活动开始被动地数字化转型。然而，随着人工智能、大数据、区块链等数字科技在财务领域的推广以及业务与财务深度融合，财务管理人员已不再满足于由业务驱动的数字化财务转型，不少知名企业已开始主动寻求财务数字化转型，智能财务的发展进入一个崭新的阶段。

如科大讯飞集团按时间主线梳理的财务智能化发展路径，2000～2020年，财务信息处理手段得到了数字科技的赋能，从简单纸质账本处理会计信息的V1.0阶段发展到会计电算化的V2.0阶段，再到使用ERP进行业财一体化的V3.0阶段。在2020年左右，不少先进公司已经处于财务共享的高阶自动化，即财务共享V4.0阶段。根据科大讯飞集团预计，到2030年，财务活动将实现自动化、智能化和数字化。

作为一家致力于人工智能开发与运用的科技型企业，科大讯飞开始打造自身的智能财务运营模板。根据该智能财务框架，科大讯飞利用数据中台、AI中台、业务中台、技术中台和AI云后台打造数据集成与技术集成的信息支持平台，进而支持财务作业平台中的管理会计、会计核算和财务共享功能的优化。由于财务作业平台功能的优化，财务信息开始向内部业务信息平台和外部交易管理平台进行延伸，进而实现管理驾驶舱、经营看板、风险预警和模型分析四类智能财务功能，进一步实现对战略决策的支持作用。

作为致力于财务软件开发的专业公司，金蝶集团针对智能财务的发展给出的路径与科大讯飞类似，但该发展路径更加强调智能财务对公司发展的作用。随着数字科技赋能财务活动，公司财务能力不断提升，对公司发展的作用从最初反馈财务核算信息的功能到提供公司经营分析的多维数据，这是目前中国大多数企业财务数字化转型的现状，也叫分析型财务。随着数字科技的赋能加大，财务活动将为公司提供有价值的经营分析预测，成为决策支持型财务。金蝶集团预测，财务将不再满足于只为公司提供决策支持，财务能力的发展将有效推动商业模式重塑和价值重构，成为价值创造型财务。

微软公司作为全球市值最大的数字科技企业，公司数字科技的优势也成为其财务数字化转型的重要源泉，微软公司将财务活动分为三个阶段，即事务型财务、业务影响型财务和战略型财务。随着数字技术利用程度提高，数字科技对财务赋能加强，从更广泛的数据自动化处理到更紧密的业务联系，再到更高等级的科技赋能，财务功能逐渐从信息披露到预先洞察，最后实现对战略决策的支持。可以看出，战略制定是目前智能财务发展可预测的最高阶段。

此外，作为中国西部最大的农牧业企业，新希望集团也在构思其财务数字化转型建设发展路径，其建设的第一步在于构建集团统一的财务数字化信息标准，打通公司内部各部门、各业务流程以及各地域子公司的"信息孤岛"。公司基于统一的数据处理平台，开始致力于为企业业务发展和策略制定提供服务。可以看出，新希望集团认为夯实数据综合支撑体系是财务数字化转型的重要基础，而智能财务发展的最终目标是推动企业战略决策的优化。

（二）财务数字化转型的战略决策支撑功能

从科大讯飞、金蝶云、微软和新希望公司对财务数字化转型的发展路径来看，尽管公司业务背景差异较大，但对于财务数字化转型的高阶目标都有相同的认识，即通过财务数字化转型实现企业战略决策支持的作用。从普华永道对于财务转型的报告来看，对于财务管理者工作角色，财务数字化转型将其从原有的"账房先生"转型为"军事参谋"；对于财务活动内容，财务数字化转型后，决策支持的工作内容从9%上升至50%。上述转变将带来工作效率的提高和公司管理成本的节约，财务活动成本将从销售收入的2%～3%，下降至1%。这些转变得益于数字科技推动下的信息系统集成、流程重组和增值服务。

与此同时，可以看出，财务数字化转型不仅令会计活动最原始的战略决策支撑功能得到了有效赋能，而且呼应了1981年前Simmonds提出的战略管理会计的构思与发展框架。

根据2021年上海国家会计学院智能会计研究课题组的研究资料，目前数字科技的运用已经深入财务活动的各个领域。从表3-1可以看出，机器人流程自动化（RPA）技术在会计核算、财务报告、预算管理、成本管理、税务管理、资金管理、风险管理、管理报告等传统财务领域均能得到有效运用，但对于战略管理和决策支持方面，RPA的作用仍待开发，而其他数字技术对这两方面的支持也还停留在数据收集与处理方面。可以期待，在不远的将来，随着数字科技的快速发展，财务数字化转型也将赋能战略管理和决策支持。

表3-1　财务数字化转型应用的典型场景

应用环节	财务机器人（RPA）	专家系统（ES）	人工神经网络（ANN）	自然语言处理（NLP）	模式识别（PR）	移动数据技术
会计核算	核算流程自动化	记账凭证智能生成	未知/待开发	表单自动查询	单据智能识别	会计处理全程自动化
财务报告	报表自动生成	报告智能分析	未知/待开发	财务数据检索	信息频道分析	移动报告
预算管理	预算编制自动化	预算制定	市场价格预测	文本数据处理	未知/待开发	预算编制方案自动生成
成本管理	成本自动核算	成本智能控制	成本智能分析	成本数据识别	资产定位	成本数据处理
税务管理	纳税自动申报	税务专家系统	发票风险管理	税务咨询	税务发票验真	电子发票应用
资金管理	资金自动收付	资金决策支持	信用评估	资金往来风险	数据识别	战略信息管理
战略管理	未知/待开发	战略制定	未知/待开发	数据收集处理	未知/待开发	数据收集处理
风险管理	数据核对校验	风险智能评估	风险智能评估	社区文本处理	未知/待开发	风险识别
决策支持	未知/待开发	决策支持系统	破产预测	人机交互	财务预警	数据挖掘
管理报告	报告数据获取	管理报告编制	未知/待开发	文本分析挖掘	未知/待开发	管理数据收集

资料来源：上海国家会计学院智能会计研究课题组报告资料。

四、战略管理会计对企业数字化转型的作用

根据王化成教授2021年在第二十届全国会计信息化年会上提出的企业智能财务框架，未来企业在海量内外部数据基础上，利用人工智能、移动互联、区块链、物联网、财务云等数字技术，将形成支持企业业务发展的"数字化财务"；管理会计的运用和企业资源的投入，令有价值的财务、非财务数据与公司业务深度融合，将形成支持企业战略管理与风险管理的"业务财务"；而由肩负进攻任务的战略管理与防守任务的风险管理构成的"战略财务"是实现企业目标的重要支撑。该框架与战略管理会计框架高度吻合。

由此，基于财务数字化转型，智能财务的发展将加快赋能财务活动对企业战略决策的支持作用。换句话说，财务数字化转型将赋能战略管理会计功能的实现。而面对数字化转型这一关键的创新决策，战略管理会计功能的强化是否反过来对决策的推进也有积极作用？如何重构战略管理会计框架才能有助于数字化转型决策的顺利推进？本章第三节拟通过对不同行业上市公司的数字化转型创新决策进行案例分析。

第三节 战略管理会计与创新决策案例

一、战略管理会计与软件企业数字化平台转型决策：以博思软件为例

（一）企业的数字化转型历程

1. 电子政务领域初探

（1）发力非税收入信息化领域。21世纪初，根据中国国库管理制度的改革要求，各级财政部门在规范财政收入管理方面开展各类信息化建设的探索活动。创立于2001年的博思软件及时发现市场需求，先后开发了财务管理软件、会计集中核算软件、学生收费管理软件等产品，并在福建省内进行推广，为其在财政信息化领域的业务发展奠定了基础。与此同时，博思软件发现，相对于完善的税收体系，公共财政收入体系中政府非税收入的管理相对落后。随着中央政府将非税收入管理权逐步下移，非税收入项目不仅繁多且收费标准复杂，加上资金规模庞大，征管人员不足与手段落后等问题，一时间成为困扰地方财政部门的一大难题。

为了实现对非税收入规范、科学的管理，博思软件经过对福建省非税收入体系的多轮调研，逐步研发出财政票据电子化管理软件、非税收入收缴管理系统等核心产品。其中，财政票据电子化管理软件和非税收入收缴管理系统分别获得第十二届和第十六届中国国际软件博览会"金奖"。该系列产品极大提高了地方公共财政体系的管理效率，福建省财政信息化的建设进而成为其他省市争相学习的范本，博思软件也因此奠定了其在福建省该领域龙头企业的地位。

（2）做精电子政务业务。抓住政策机遇成为推动博思软件发展的重要因素，然而，政策红利并不是一家优质企业可持续发展的关键因素。全球互联网竞争白热化以及政策改革思路的不确定性，令博思软件前期较为单一的非税收入管理信息化业务面临考验。此时，公司管理团队不仅在思考如何根植原有业务领域，继续做精品牌，做宽市场，还在思考如何利用现有优势走出一条特色的数字建设之路。

在根植原有财政非税收入管理信息化方面，博思软件自2010年起将信息化业务深入到财政非税收入管理的政策管理、收缴管理、资金划转、提供分析数据等各个环节，继续做精信息化品牌；此外，博思软件利用业务模式可复制强的特点，将财政非税管理信息化业务横向扩展至福建以外的地区，如江西、黑龙江、北京、云南、广西等省市以及财政部的部分直属机构，成为一家全国性非税收入管理信息化软件提供商。在特色数字建设道路的探索方面，作为公司创始人与领袖人物，陈航

董事长认为财政非税收入项目与大部分公共服务息息相关，如各类资格考务收费、公安或行政证照收费、罚没收入、教育行政事业性收费、彩票公益金等。因此，博思软件具备天然优势，将非税收入信息化的业务内涵外延至公共服务信息化领域，从而拓展其在电子政务领域的业务范畴。

电子政务是公共管理部门运用现代信息技术与管理理论，优化组织结构和业务流程，超越时间、空间与部门分隔的限制，全方位地向社会提供优质、规范、透明的公共服务，是民生服务信息化的"最后一公里"，也是政府行政管理现代化的核心内容。自从"十二五"时期启动国家政务信息化工程以来，利用"互联网+政务服务"模式，破除政府部门"各自为政、条块分割、烟囱林立、信息孤岛"，实现信息与资源共享，支撑"放管服"改革成为电子政务的主要发展方向，这也给信息化服务提供商提供了巨大的市场商机。

2011年，国家政务信息化工程的启动激发电子政务领域巨大的市场需求，也令博思软件意识到其自身的优势，以及其特色的数字建设道路。广义电子政务概念不仅包括财政非税收入所涉及的管理项目信息化内容，还辐射交通、医疗、教育、金融、旅游、能源等领域的信息化建设。博思软件于2012年推出"e缴通公共缴费网"，该产品是一个集政务服务与公共服务为一体的公共缴费平台，正式宣示博思软件非税收入信息化的业务内涵向公共服务信息化延伸。e缴通公共缴费平台推出初期，主要应用于网上处理道路交通违章行为和缴纳罚款，网上缴纳福建省司法考试考务费，网上缴纳会计从业资格考试报名费，网上缴纳福建省自学考试，公务员录用考试报名费等业务。博思软件利用原有财政非税收入信息化管理接口将行政事业单位、卫生教育部门、社会团体、协会、学会等收费单位、金融机构和社会公众连接在一起，从而向社会公众提供交通、教育、医疗等领域的公共缴费服务。通过一站式网上服务，可节约大量社会成本，若每年3000万元资金通过平台缴费，基于缴费所占用的时间和交通成本测算，可节省社会成本约5.7亿元，社会效益巨大。

2. 进军智慧城市平台建设

2015年，博思软件在业内率先提出了数字化企业管理（DEM）的理念，促进企业重构战略定位，进行数字化转型。2016年7月26日，博思软件于深圳证券交易所成功上市，公司发展又翻开了崭新的一页。博思软件此前将非税收入信息化的业务内涵延伸至公共服务信息化，进而推动e缴通公共缴费平台系列产品的成功发展。公司计划在上市后进一步拓展业务内涵，利用其在电子政务领域的独特优势，参与智慧城市建设。2019年利用智慧城市以及非税票据业务积累的流量数据，通过SaaS（softwaressas service，软件即服务）转型定制化平台，技术服务占据其营业收入大部分。

"智慧城市"最早在2010年是由IBM公司提出的概念，基于互联网、物联网、通信网架构、云计算、移动互联网、人工智能、大数据等技术手段，不仅集合电子政务的各项功能，还包括交通、商贸、物流、教育、医疗、城管、安全、环保、旅游、应急管理等各项城市数字化功能模块。智慧城市也被认为是电子政务的高级阶段，代表电子政务效率的最大化水平。福州市作为全国首批智慧城市试点城市，历经多年数字化建设，已成为全国智慧城市建设的样板工程。

2018年，博思软件在e缴通公共缴费平台的基础上，研发统一公共支付平台产品，公司于首届数字建设中国峰会之际发布全国首创公共二维码——福码，代表博思软件进一步将其业务内涵进行外延，正式参与智慧城市的数字化建设。福码是一款一站式公共服务平台，其基于博思软件所开发的公共支付平台，利用电子缴费二维码技术，实现政务、公交车、地铁、医院、教育等场景的应用，为福州市提供一站式便民缴费服务。2019年，博思软件于第二届数字建设中国峰会上再次亮相智慧城市新产品——公采云和通缴云，前者针对公共组织或企业在公共采购方面效率低、成本贵的痛点，通过整合信息化资源实现"一体化采购、全业务覆盖"的解决方案；后者是在公共支付平台基础上，继续拓展应用范围，在政务缴费、交通出行、看病就医、教育缴费、公园景点、交警罚没、不动产交易等场景，实现"一网通办"和"一码通行"。

正确的战略发展思路才能引领公司高速成长。从博思软件营收和利润指标来看，公司在2015～2020年间呈现持续快速增长的态势，尤其在2017年和2018年，公司营业总收入保持80%以上增速，净利润增速达40%以上，战略发展路径引发公司高速发展的效应得到初步体现。虽然2020年新冠肺炎疫情对公司工程业务的开展有一定负面影响，但公司依然在2020年完成既定的营业收入10亿元的目标。从公司盈利财务指标来看，虽然公司规模不断扩大，但是净资产收益率（ROE）、销售净毛利率仍然保持相对稳定的态势，说明公司在高速扩张的过程中，保持着良好盈利能力。

3. 数字化转型创新保障措施

（1）利用横向并购拓宽业务广度。总部位于福州的博思软件，充分利用福建省相关数字建设的有利试点政策，在财政电子票据管理、非税收入管理系统、e缴通公共缴费平台以及"一码通行"等一系列产品于福州市或福建省运用成熟之后，利用其业务模块可复制性较强的特性，向福建省外推广。然而，对外省客户渠道的不熟悉将降低业务拓展的效率，此时，并购外省拥有优质客户的同行公司可加快产品应用和客户分布的延伸，促进公司业务的区域扩张，进而推动全国性业务网络的形成。同时，随着公司业务模式演进，产品线品种的增扩也可以通过并购方式予以解决。2017年起，博思软件通过收购内蒙古金财信息技术有限公司70%的股份，参股吉林省金财科技有限公司30%的股份，令公司业务实现在内蒙古和吉林两省的布局。2018年，博思软件继续收购吉林省金财科技有限公司剩余70%的股份，同时，通过收购和增发方式获取浙江美科科技有限公司70%的股份以及成都思必得信息技术有限公司51%的股份，收购广东瑞联科技有限公司这一曾经的竞争对手78%的股份，实现博思软件在浙江、广东、四川等省份的布局。同时，博思软件获取北京阳光公采科技有限公司51%的股份，为其"公采云"产品的拓展进行资源储备。

（2）强化研发投入和科技创新。研发创新是高科技公司不变的主题，公司业务路径的演化以及持续创新驱动的发展都需要持续研发投入的支持。博思软件素来以重视研发投入著称，2016年公司上市之后，不断增大研发投入规模，提高研发强度，为公司参与智慧城市建设奠定了基础。博思软件研发人员数量由2015年的187人上升到2020年的1342人，研发投入金额由0.2亿元上升到1.67亿元，说明公司研发人员团队已形成规模。博思软件自2016年起，研发投入强度长期保持同类上市公司领先的地位。

（二）战略管理会计与软件创新决策

1. 软件企业的平台化转型思路

微软公司是全球知名的办公软件提供商，成为最早进入全球市值前十位的数字科技企业。软件开发业务曾助其创始人比尔·盖茨登顶世界首富。但是新一代信息技术的到来，成就了亚马逊、苹果、谷歌、Facebook等公司快速发展，微软这类早期的软件企业也开始思考如何进行数字化转型。根据微软2019年年报，微软数字化转型面临四大领域与机会，基于数据基础与智能算法，微软致力于在优化运营、客户沟通、赋能员工和转型产品四个方面深入拓展，其中前三项领域致力于利用大数据、云计算、人工智能等数字科技，提高企业运营效率，降低运营成本，而最后一项转型产品，则意味着微软在营收结构上将有重大调整，其将基于软件服务优势，以系统平台的思路架构提供软硬件综合服务。2019年，微软公司办公软件业务收入已经降至其整体收入总额的1/3，Surface、xbox等集成软件的销售收入占据收入总额的1/3，服务器和云服务等平台服务收入成为最抢眼的增长点，并已经占领收入总额的另外1/3。可以看出，基于系统整合而构建的数字化平台服务是传统软件企业数字化转型创新的重要思路。

同样，总部设立于福州市的新大陆集团是一家致力于金融支付、信息识别的软硬件服务提供商，早期软件业务收入占比较高。随着物联网信息技术应用场景不断丰富和信息技术处理效率提升，新大陆利用信息识别与支付软件的开发技术优势，构建融合信息识别、支付、感知、监控为一体的系统集成应用平台，助力智慧高速、智慧水务等公共服务类项目的落地。同时，基于公共项目信息服务平台的运用，利用数据收集、筛选与分析等手段，持续提供数据服务。可以看出，与微软类似，新大陆的数字化转型创新路径同样也是基于软件开发技术，通过系统集成应用，逐渐向数字平台型运营企业转型。

早期的博思软件是一家致力于财政非税收入管理信息化的软件企业，公司2017年营业收入增长率同比达到80.95%，一方面是由于公司成功拓展了华北区域市场，扩大了市场份额；另一方面是由于公司软件产品免费运维服务器结束，开始对已购买客户进行收费，这可以看作是SaaS服务运营的开端，同时是博思软件致力于数字化平台服务的起点。

2019年，国内开源软件开始发力。为了突破底层代码被"卡脖子"，华为、腾讯等国内先进数字科技企业开始构建开源软件生态，涌现出open Eule、Angel等一系列开源软件平台，国内开源软件的社区应用开发生态逐渐形成。博思软件通过与腾讯开源团队合作，不断开发各类应用场景，持续推动SaaS模式向客户提供服务。SaaS业务的主要模式是靠流量收费，平台供应商将应用软件统一部署在自己的服务器上，客户可以根据工作实际需求，通过互联网向厂商订购所需的应用软件服务，按订购的服务多少和时间长短向厂商支付费用。使用单位不需自建软硬件系统，而软件提供方可以获得持续稳定的现金流。

通过SaaS模式转型后，博思软件的技术服务收入成为营业收入的主要部分。2020年年报显示，技术服务已占其2020年营业收入的68.53%，同比增加36.31%，而博思软件技术服务大部分收入来源于SaaS业务。

然而，SaaS业务的发展也面临一定局限，主要是客户流量数据的获取与利用存在难点。在这方面，博思软件利用平台化运营思路开始着手试点。首先，随着博思软件智慧城市项目的落地发展，从单一的服务政企拓展到社会公众，从财政非税收入缴费拓展到有税公共缴费业务，其"通缴云+公共支付+汉字码通行"的业务模式全方位、多渠道打通了与居民相关的生活服务，逐步打开了互联网流量入口。其次，博思软件公司长期专注于财政信息化领域，属于电子票据业务以及非税业务缴费的行业龙头，可利用已占领的业务资源优势快速发展智慧城市项目中非税收入管理平台，在非税市场竞争中占据领先优势。阿里、腾讯以及华为等互联网行业巨头想要拓展智慧城市非税项目，则选择与博思软件进行战略合作，互联网行业企业可以简化其非税缴费项目流程，博思软件可以获得阿里、腾讯、华为等企业带来的巨大客户流量。最后，在用户流量的充分利用方面，博思软件发展了智慧城市中智慧金融部分，由于非税项目本身串联了银、政、企三个部分，博思软件可以获取大量平台成交数据信息，进而对企业的基本信息、订单数据、信誉评分进行综合分析。在进行详尽的数据分析后，博思软件可以基于分析结果向银行提供供应商、企业数据分析服务或为自身智慧金融"担保云"项目发展提供信息基础。

2. 数字化平台转型对财务活动的影响

（1）财务活动的复杂程度提高。2021年2月，博思软件旗下财政电子票据管理平台、通缴云平台、公采云平台通过福州市平台企业的认证，博思软件平台化转型已初见成效。由此，以往工程技术服务收入逐渐转变为平台技术服务收入，企业现金流持续性提升，但是财务活动的复杂程度逐渐提升。首先，关于服务收入，随着软件企业的平台化转型，在大部分应用场景下，除了软件开发服务外，还需要一系列硬件设施予以配套，如物联网场景开发往往配套各类感知硬件设施，软硬件共同构成平台服务的主体，因此，收入确认除了考虑软件开发之外，还需要考虑配套硬件销售。其次，关于研发投入，随着软件企业平台化发展的深入，低代码和无代码的运用，使应用场景开发不再限于软件企业内部研发人员，考虑研发投入和创新贡献，还需要考虑平台或社区分布式开发者的创新贡献。最后，关于风险管理，由于平台化企业组织模式较以往"线"状结构已有较大变化，其"面"状组织结构中包含各类参与者、资源供给者和规则制定者，彼此之间在利益分配和协调中共生发展，平台企业往往在创新过程中面临较大不确定性，企业风险管理的复杂性加深。

（2）业务与财务融合程度将更加紧密。基于互联网应用的平台将有效记录所有结构性和非结构性数据，令所有平台参与者的活动数据得到有效保存，数据资产成为平台型企业最重要的"账外资产"。基于财政电子票据管理、通缴云、公采云等平台，博思软件致力于"智慧城市+智慧乡村"公共信息平台服务，而海量公共信息服务记录将为挖掘各类信息应用场景奠定数据基础。因此，数字化平台转型之后，财务管理人员得到业务数据的便利性将大幅提高，业务和财务融合的"信息孤岛"在面状平台企业将得到有效缓和，并且基于低代码和无代码的开发，财务人员将通过自主学习途径主动融合业务发展，推动财务的价值创造功能。

3. 战略管理会计对数字化平台转型的支持

战略管理会计作为支持企业战略决策的信息支持体系，在数字科技的应用背景下，面对软件企业向数字化平台转型这一重大创新决策，融合博思软件近年来的转型思路，可以发现，战略管理会计对转型决策有以下几方面的支撑。

首先，挖掘应用场景。由以上分析可知，各类参与主体的活动数据都被有效记录于平台企业，成为平台企业拥有的数据资产，如何有效发挥数据资产的经济效益就成为战略管理会计思考的重要内容。战略管理会计将基于数字化平台特性，充分挖掘服务对象的各类需求，开发数据应用场景，实现数据资产经济效益的提升，进而实现价值创造功能。

其次，参与数据治理。在数据资产得到应用开发之前，数据关系、数据规范、数据安全和数据质量等问题首先要通过数据治理得以实现。基于战略管理支持的功能，战略管理会计可将战略引领和风险控制要素融入平台数据治理过程中，提升数据治理质量，赋能决策支持信息捕捉效率和准确度。

再次，探索估值模式。在数字化平台转型过程中，企业价值评估模式将发生重大变化，以往基于财务指标的各类评价模型将不再适用，基于价值创造视角，平台企业参与主体、主体参与程度、主体交互程度、服务需求匹配程度以及平台管理者的综合水平都将成为企业价值实现的关键要素。因此，战略管理会计可通过探索平台价值评估模式，引领平台的价值提升。

最后，健全防控体系。平台企业具有开放服务的特征，平台或社区在开发和创新的过程中存在巨大不确定性，面状组织结构令参与主体间的关系错综复杂，更令平台财务风险的防控难度提升。战略管理会计除了肩负支持战略管理这项"进攻"任务，还肩负支持风险管控这项"防守"任务。如何构建有效的风险治理框架也成为战略管理会计对数字化平台转型的重要支撑。

二、战略管理会计与企业智能制造转型：以星网锐捷为例

（一）企业智能制造发展历程

"十二五"规划期间，星网锐捷公司采取多元化的发展战略，不断探索新的产业领域，通过对外投资、跨界并购，积极拓展不同的业务板块。2016年，受宏观经济增速持续放缓、传统通信市场日趋饱和的影响，星网锐捷面临着较大的产业结构转型压力。在前期多元化发展战略的基础上，星网锐捷进一步划分并确定了经营范围内的各产业类型，明确围绕智慧网络、智慧通信、智慧社区、智慧娱乐、智慧物联、智慧金融和智慧云这七大产业领域，向"互联网+"及智能制造领域探索，加快公司向移动互联网转型的步伐。

随着公司在2016年开始逐渐从设备硬件提供商向综合系统解决方案转型，公司通信业务开始向智慧解决方案发展，支付业务向银行解决方案提供商跨越，设备制

造的定制化需求和差异化需求激增，以往标准化制造流程无法再满足公司的业务转型需求。此外，中国智能制造与工业互联网实施环境也逐渐优化，2017年《关于深化"互联网+先进制造业"发展工业互联网的指导意见》推出以来，中国工业互联网顶层设计思路逐步清晰，鼓励各类工业企业依托工业互联网平台实施数字化、网络化、智能化升级。源于内部发展需求和外部政策环境，星网锐捷基于智能制造和工业互联网概念的数字化转型于2018年开始在其制造、销售、采购及售后服务等全流程展开实施，星网锐捷也成为中国智能制造实施的第一梯队。

对工业互联网平台的打造是实现智能制造的重要路径，利用数字技术改造传统制造业的生产组织模式，以工业互联网的思路整合生产海量数据，实现制造的自动化、信息化，才可能最终实现制造的智能化。2019年，星网锐捷"网络通信产品工业互联网应用新模式"入选省级工业互联网示范平台标杆项目，公司发力智能制造领域已初见成效。

（二）智能制造与战略管理会计

1. 企业智能制造发展路径

首先，由于产品性能的完善化及其产品结构的复杂、精细，以及产品功能的多元化，生产过程所涉及的设计信息与工艺信息量必然激增，也因此在生产线与制造设备内部的信息流量必然增大，在生产流程与管理中的信息量也必然增加，使生产信息技术发展的热点与前沿逐渐转移到提高生产信息系统对于爆炸性增加的生产信息管理的能力、效益与规模上。这就需要生产管理系统不仅要具有柔性，还要体现出高度智能，否则是无法管理这样巨大而繁杂的生产信息系统的。其次，在瞬息万变的市场需求和激烈竞争的复杂环境下，又需要生产管理系统体现出更高的灵活性、敏捷性和智能，所以，智能生产管理日益引起了高度的关注。

智能制造是一种由智能机器和人类专家共同组成的人机一体化智能系统，它在制造过程中能进行智能活动，诸如分析、推理、判断、构思和决策等。通过人与智能机器的合作共事，去扩大、延伸和部分地取代人类专家在制造过程中的脑力劳动。它把制造自动化的概念更新，扩展到柔性化、智能化和高度集成化。

2. 企业智能制造对财务活动的影响

（1）智能制造模式下生产经营方式的改变。星网锐捷主要产品是通信设备器材，公司以高品质下的成本领先和差异化战略为市场竞争策略，其产品特性为非标准化、定制化、小批量、多样性。因此，公司为了提升生产效率和市场竞争能力，在两方面进行创新改革。

一方面是生产经营模式的改变。应对产品种类繁多，且小批量和定制化的特征，公司将上千种产品分为8大类，设置8个利润中心（子公司），并构建总部制造中心，以市场化行为带动8个利润中心的资源优化配置，推动制造中心物料、人力成本的集约发展。若外部厂商提出的价格低于总部制造中心，则子公司可以将产品制造外包给外部厂商，这给利润中心定制化留下外包制造空间。同时利用阿米巴组织管理模式推动该种产品特性的企业发展。

另一方面是数字化流程的再造。企业将数字化感知系统内嵌至制造全流程，并延伸至客户（一级代理、二级代理）和供应商层面，构建工业互联网生态，能更加及时和精确地捕捉物流、资金流、价值流信息，利用精确原料代码，准确地在需求、研发、设计、配料、采购、制造、仓储全过程进行溯源管理和精准配置。

（2）组织管理模式改变对财务活动的影响。星网锐捷每个子公司负责1条生产线，专注于1类产品的采购、研发和销售。子公司与总部制造中心之间保持高度市场化关系，子公司所需产品可由总部报价生产或者市场上其他制造商生产，所需要原材料也可由子公司自己提供或者是总部提供，同时制造中心根据需求品质与生产能力在市场上接收OEM业务。这就使财务活动不仅要考虑公司内部的交易价格，同时还要时刻关注外部市场状况。

（3）智能制造对成本核算与财务信息的影响。

①推动精细成本核算。星网锐捷按产品类别分为8大类，但是按产品细类分可达上千种类，这使得财务成本核算具有较大困难。若无法解决产品核算困难，则对企业经营决策以及经营分析将构成挑战。工业互联网在制造端的运用将工时材料损耗等进行不同产品之间的分摊，提供更加科学和真实的数据支持。将物料进行编码不仅方便仓储取料管理（自动进库、自动领用、自动还料），而且可以给财务人员提供准确的生产领料消耗数据。通过工业互联网的运用进行更加科学的成本分摊也给产品的报价提供数据支撑。公司的IPSP智能生产调度系统以及IMES智能制造执行系统和IWMS智能仓储系统的数字化给制造中心快速切换生产带来极大的便利，同时系统提供了生产工时、物料消耗数据，虽还未实现智能化，但创建了各项数据，为成本分摊提供了更加准确的基础数据支撑。

②提升财务信息对战略决策的支撑能力。智能制造模式可快速对市场变化做出反应，自动进行生产调度和材料配比制造，同时进行数字营销，打通整条线。目前星网锐捷对于智能制造的运用不仅集中在生产制造范围，还着手搭建智能制造在生产端和销售端间的运用，由智能制造概念外延至客户和供应商层级。公司财务信息的获取范围也扩大至公司外围，财务信息更加广泛，对经营分析乃至战略决策的支撑作用得到提升。

3. 战略管理会计与智能制造模式

（1）提升业务与财务融合程度。财务人员深入业务领域，充分利用业务数据，探索数据挖掘和清洗工具和方法，构建支撑财务流程自动化的有利数据基础和信息获取渠道。星网锐捷财务管理人员深入一线自动化车间，通过感知设备采集数据，对作业成本进行精准分摊并掌握价值流全过程。公司推行的人员轮岗管理制度，通过举办周期性的单位人员轮岗会，增进财政部门和其他各单位之间的联系，拓宽和提高财务人员的业务技能。同时，还建立了有关企业财务人员的定期培训制度，通过开展定期的有针对性的培训，提高了职工能力。财务人员在提升自身综合素养的同时，还要深入业务部门了解企业真实情况，发掘支持公司业务战略转型的应用场景，构筑支持战略管理会计发展的业务与财务融合模式，推动企业的创新变革。

（2）突破财务专业化壁垒。星网锐捷产品种类多，各类产品财务核算流程差异大，成为实现财务共享的障碍。然而，财务标准核算是未来的发展趋势，破除财务专业化壁垒，提升财务信息的决策支撑能力，是财务数字化转型的重要路径。针对像星网锐捷车这种产品很多的企业而言，因为各个产品销售线企业战略目标都不尽相同，都是"多品种、小批次"制造方式，网络高端产品甚至是"单台订制"，无论是最终成品还是制造过程，针对细致控制的需求比较高，制造计划调度和流程控制的弹性和困难均很大。企业停机换线成本费用高，公司前期导入的这些智能化设施并未充分考虑业务流、信息流、实物流的打通，出现"数据孤岛"，造成生产品质管理流程割裂，人工投资过多，综合质量成本高昂。所以如何实现在确保高质量的情况下提升制造效能、降低成本，各个行业之间彼此协调才是关键问题。采用业务与财务融合的信息化体系，充分运用人工智能技术开发与共享化财务服务，各个系统之间的数据存入或转出格式等信息标准统一，体系内部的财务数据自动衔接统一，使各管理系统之间信息沟通更加畅通，实现了会计核算的智能化、共享化、数字化，业务流、信息流、实物流、智慧技术的有机融合，高效突破了数字鸿沟、数字壁垒，防止产生"信息系统孤岛"，并有效提供了跨部门、跨系统的一体化信息系统，做到"数出一门、资源共享"。因此，理顺各产品线制造流程的财务和非财务数据，提高数据生成效率和数据治理能力，成为战略管理会计支持企业转型的基础。

第四章　现代企业资本管理

第一节　项目融资管理

本节主要介绍项目融资的基本特征。讨论大型复杂项目的融资。但本节概括的项目融资规则也适用于较小的、较普通的融资情况。

一、项目融资概述

项目融资是一种特殊经济单元的融资，贷方最初期望获得这个经济单元所产生的现金流和收益，从而将其作为偿还贷款的资金来源，而这个经济单元的资产可被用作贷款的担保品。

该定义中的一个关键词是"最初"。尽管一个贷方可能愿意最初获得一个项目的现金流，从而作为偿还贷款的资金来源，但如果事实上该贷款的偿还出现了最坏的情况，贷方也必须得到补偿。这可能涉及担保品或直接、间接的第三方担保。

项目融资的最终目标是安排一个项目的借款，这对发起人有利，同时发起人绝对没有追索权，因此，项目融资对其信用级别或资产负债表没有任何影响。用第三方信用担保交易可以实现这个目标，那么第三方就变成一个发起人。然而，就项目本身价值而言，对一个项目进行独立融资而不需要发起人的信用担保的情况很少，这类发起人一般由第三方担任，并在某种程度上从项目经营中获利。

关于什么样的项目融资是可行的，贷方和借方之间存在很大的分歧。一方面，借方更倾向于他们的项目融资可以独立于资产负债表外，并适当公布财务报表信息，其中这些信息可以反映借方的项目融资风险。另一方面，贷方不属于企业资本经营范围，因此，他们不承担股权风险。贷方希望其贷款能被项目发起人或感兴趣的第三方偿还，这样他们不会遭受损失。大多数项目融资的困难就在于此。

项目融资成功的关键在于对发起人来说具有尽可能少的追索权，同时拥有足够的来自担保品或发起人、第三方担保的信用支持，这样贷方将不会遭受信用风险。

目前存在一个概念上的普遍误解，即认为项目融资就是资产负债表外融资，原因是项目完全由本身担保，没有担保品担保或负有财务责任的参与者担保。这造成了借方预期的误解，借方认为某些类型的项目可能是通过自身担保独立融资，因此，继续假设发起人无追索权的相似项目是资产负债表外的项目，不需要额外获得负有财务责任的第三方的信用担保。

二、选择合资或资助项目的原因

企业越来越多地趋向于选择合资或可控项目。尽管大多数公司倾向于独资并掌控一个大项目，特别是当项目涉及极其重要的供应和销售渠道时，但也存在一些因素促使企业选择合资或可控项目。耐维特和法博齐提出这些因素包括以下几方面。

（1）项目所需超出了单一公司的财务和/或管理资源。

（2）合作者的技能或经济目标互补。

（3）相对于合作者单独开发较小项目的成本而言，一个大项目的经济效益能在很大程度上降低产品或服务的成本。

（4）项目风险可以分摊。

（5）一个或多个合作者能利用税务优惠（即折旧和任何税项抵扣）。

（6）能获得更大的债务杠杆。

（7）联合发起人将选择合法形式的SPV（如公司、合伙人、有限合伙企业、有限责任公司、合作企业或信托），它能满足发起人对税收和法律目的的要求。

三、项目融资的信用风险

关注项目融资有助于审查在普通项目融资过程中不同时间出现的不同信用风险。

（一）风险阶段

项目融资风险可以被划分成三个阶段：设计和建设阶段、启动阶段、按照制订的计划书经营阶段。这些阶段中的信用风险因素呈现不同的特征。

1. 设计和建设阶段

一般地，项目在开始时有一段长时间的规划和设计期。订购设备、洽谈建设协议之后，开始实际的建设。在建设开始后，随着资金被预先投入购买材料、劳动力和设备中，风险开始急剧增加。资助建设的贷款利息费用也开始增多。

2. 启动阶段

项目贷方不认为厂房建造完成就意味着项目结束。他们关心的是工厂或厂房的运作成本和状况是否达到分配资金时所计划的标准。不能按原计划的数量和成本生产产品或提供服务就意味着项目的可行性研究是不正确的，并且债务偿还与费用支付时可能会出现现金不足的情况。

项目贷方会先让工厂或厂房充分运作一段时间，并确保它能按财务计划设定的关于价格、数量和标准的要求实际生产产品或提供服务，之后才会认可这个项目。这种启动阶段可能持续几个月甚至几年。

3. 经营阶段

一旦参与方认为工厂能按规定运作，那么经营阶段就开始了。在这个阶段，项目开始作为一个正规的营业公司运行。如果制订了合理的财务计划，那么从销售产品或服务中获取的收入应足够偿还债务本息、支付经营费用并向发起人和投资者提供回报。

（二）不同风险阶段的不同贷方

有些项目从开始到结束都是由一个贷方个体或一个贷方群体资助。然而，多数大项目在不同的风险阶段会有不同的贷方个体或贷方群体。这是因为随着项目从建设进展到运转，项目会面临不同的风险，而贷方处理和承受这些风险的能力不同。

有些贷方偏向较长期放贷，有些偏向短期放贷。有些贷方专门从事建设放贷，并且有能力监控项目的设计和建设，而有些贷方则不是。有些贷方在建设、启动或经营阶段会接受和依赖不同发起人的担保，而有些则不会；还有些贷方能接受承包经营项目的信用风险，但对建设和启动阶段的高风险放贷不感兴趣。

在项目融资的不同风险阶段，利率也会有所不同，并且信用支持方式也会不同。

偏向短期建设放贷的贷方非常关心在建设或启动阶段结束时其他贷方长期"替代"融资的可得性。建设放贷贷方为提供他们自己未计划的"替代"融资提心吊胆。因此，从建设放贷贷方的立场来看，在建设融资开始时替代融资就应准备就绪。

四、项目成功融资的要素

（一）审查要素

为了增加项目融资成功的可能性，项目融资的发起人和贷方应审查几个要素。耐维特和法博齐确定了以下几个关键点。

（1）根据未来通货膨胀率和利率的实际假设，制订令人满意的可行性研究和财务计划。

（2）确定产品或项目要耗费的原材料成本。

（3）确定能源供应的合理成本。

（4）确定一个针对即将生产的产品或提供的服务的市场。

（5）确定运输产品的合理成本。

（6）确保充分的交流。

（7）确定建筑材料的计划成本。

（8）确保承包人有丰富的经验，值得信赖。

（9）确保经营者有丰富的经验，值得信赖。

（10）确保管理人员有丰富的经验，值得信赖。

（11）不采用未经测试的技术。

（12）确保合资方之间的协议（如有）令人满意。

（13）确保关键的发起人有充足的股权投入。

（14）能合理评估资源和资产。

（15）能恰当分布保险范围。

（16）能解决成本过高的风险。

（17）能考虑到延迟风险。

（18）项目可以给股权投资者带来足够的回报。

（19）能处理环境风险。

（二）关键要素

当项目牵涉到一个主权实体，为确保项目的成功，考虑以下所列的关键要素非常重要。

（1）存在一个稳定和友好的政治环境，具备许可证和通行证，签订强制执行的合同，存在法律救济。

（2）不存在没收风险。

（3）国家风险是可接受的。

（4）主权风险是可接受的。

（5）货币是可获得的，且外汇风险已得到解决。

（6）针对绑架和勒索等犯罪活动安排相应的保护措施。

（7）具备一个令人满意的商业法律制度，能保护产权和契约权。

五、项目融资失败的原因

审查和考察项目失败的共同因素是了解贷方应关注项目哪些方面的最好办法。

（一）导致项目失败常见原因

导致项目失败的原因有如下几点。

（1）延迟完工，相应造成建设融资中利息支付增长及计划收入现金流延迟。

（2）资本成本超支。

（3）技术性失败。

（4）承保人、供应商或对项目经营至关重要的其他参与方的财务失败。

（5）项目产品的价格或需求低于预期。

（6）由于财务或政治因素，项目购买方不能履行合同条款。

（7）出现未经保险的灾难损失。

（8）价格上涨或原材料短缺。

（9）设备技术过时。

（10）失去市场竞争地位。

（11）管理不善。

（12）过于乐观地评估抵押证券的价值，例如石油和天然气证券。

（二）国外项目失败的原因

（1）政府干预。

（2）资产等其他投资被没收。

（3）东道国政府的财政破产。

（4）政治变化造成的东道国政府无力履行合同条款。

为了实现项目的成功融资，必须在项目的使用寿命内适当地考虑、监控和避免这些风险因素。

六、项目融资的风险

列举了一些例子来说明市场风险、交易对手风险、政治风险、建设风险、经营风险，以及高杠杆率和高购买价格（或总投资额）之间的各种组合是如何产生财政困难的。

（一）市场风险

1. 巴拿马PYCSA公司

巴拿马PYCSA公司是一家项目公司，在1977年投入1.855亿美元的建设资金建造巴拿马收费公路，并根据《144A规则》出售金额为1.31亿美元的高级担保项目债券，期限为15年，股权价格为54.5美元/股。PYCSA集团是一家墨西哥大型承包商，在收费公路、桥梁、隧道和其他基础设施和交通项目方面有着丰富的经验，巴拿马

PYCSA公司就是它的一个间接子公司。这种项目债券代表了拉美第一资本市场上的项目融资。

设计收费公路是为了缓解巴拿马城周边的交通拥堵情况。这条收费公路的设计只是一个更全面的收费公路设计计划的一部分,而这个较全面的计划是指建设连接巴拿马城、托库门国际机场和科隆(位于巴拿马运河末端的一个大城市)的收费公路。根据巴拿马的一项协议,巴拿马PYCSA公司拥有一项期限为30年的特许权,凭借这项特许权,公司能够进行公路建设、经营和维护。除了适用于项目融资,此项特许权还适用于第二阶段收费公路建设,它将衔接第一阶段的科隆项目。在第一阶段中,靠近巴拿马城的车辆交通不符合1997年制定的项目融资预测要求,且收入低于预测水平,原因是建设被推迟,尽管常规路段的拥堵情况非常严重,但愿意支付过路费的驾驶者比预期的要少。在2002年,项目即将出现债务拖欠的情况,因此,巴拿马PYCSA公司考虑退出项目的第二阶段。

当决定在项目的第一阶段追加投入股权以及进展到第二阶段之前,巴拿马PYCSA公司请求巴拿马政府给予某些形式的救助,例如允许项目公司筹集自身的通行费,获得直接的政府融资或者移交一些政府土地,因为政府需要另外安排一个收费公路特许权持有者。据称,巴拿马PYSCA公司确定要在第一阶段追加投入股权,并通过计划项目第二阶段的收入防止出现债务拖欠。

2. 智利圣地亚哥航站楼

智利圣地亚哥航站楼是一个债券融资项目,目的是扩大位于智利首都圣地亚哥的国际机场的经营。1998年底,项目筹集的总资金额为3.16亿美元,发行的担保债券金额为2.13亿美元,期限为14年,所有者的股权价值3600万美元,商业经营产生的现金流数额为4250万美元,且股票收益所得利息为2490万美元。与最重要的项目风险有关的因素有:乘客数量增长,机场收入(按智利比索支付)与债务偿还凭证(按美元支付)之间部分不一致。

由3个信贷评级机构评出的该项目债券的级别为基本的BBB级别,但给出AAA级别评级的信贷保险机构被要求在继亚洲金融危机后出现的新兴市场信贷困难的环境下出售这些债券。该机场的航空交通状况在项目融资后的头几年未能达到特许权持有者计划的水平。在2001~2003年,债券的基本信用评级数次降级,这是由继2001年9月11日美国发生恐怖袭击事件后民航业的衰败、智利的经济衰退,以及特许权持有者与智利监管者的纠纷所造成的。在乘客数量增长后,债券信用评级于2004年重新提高,项目公司的财务状况得到改善,并且项目公司与智利公共工程部签订了一份有关"收入分配机制"的合约。在这份合约下,政府同意投保特许权持有者的收入，从而使其不受乘客流量急剧下降的影响，作为回报，特许权持有者需通过公共工程建设的方式支付保险金。

（二）高杠杆率、高购买价格

当新电力交易规则（NETA）于2001年得以实施时，英国煤气电力市场办公室、英国电力行业监管者和其他电力行业的专家警告电价将下滑。尽管已经发出了警告，然而国际化的电力公司，例如AES公司继续出高价购买电力行业资产（如德拉克斯公司，这是一家位于北约克郡的燃煤发电厂）。德拉克斯公司是西欧最大的燃煤发电厂之一，生产的电力占整个英国全部电力的8%。当英国国家电力公司购买米德兰电力公司的配电/供电业务时，被要求出售一部分的发电量。美国AES公司花费30亿美元购买德拉克斯发电厂，超过了预期的购买金额，并以相当高的杠杆率对它进行融资。高杠杆率的其中一个因素是保护电价不受与TXU（得克萨斯州达拉斯市的一家多样化能源公司）英国分公司签订的对冲合同的影响。

在1999年进行项目融资后，AES和它的德拉克斯发电厂投资主要受到两个重要的涟漪效应影响。第一个是在英国的NETA与发电量供过于求的共同作用下，英国的批发电价下滑，甚至超过预期幅度，因此德拉克斯公司的收入和价值都在下降。第二个是安然公司破产导致投资者和贷方对整个电力行业采取更保守的态度，这使像AES和TXU这样的公司降低杠杆率，并出售资产。当TXU面临自身财务问题，要终止对冲合约时，很显然德拉克斯公司不能持续偿还其债务。2002年11月，德拉克斯公司与其贷款银行还有债券持有者达成了一个6个月的停业协议，从而获得时间进行重组。

2003年6月，AES出价购回其部分债务，并继续经营和管理德拉克斯发电厂，作为回报，AES继续拥有其20%的股权并承担其每年的管理费。当债权人不接受AES的出价时，AES在8月放弃了发电厂。银行和债券持有者接管了发电厂，并用独立的董事会接替管理层。在接下来的两年中，电价大幅度上升，改善了发电厂的财务业绩。银行和债券持有者与几个竞价者进行了协商，最终通过了首次公开发行（IPO）决议。

德拉克斯公司于2005年12月在伦敦证券交易所上市并开始交易。到那时，标准普尔公司已将德拉克斯公司评为BBB级，这种公司信贷评级是根据资产的良好维持、有效经营、灵活生产，以及可靠的财务状况等条件评判，并与其他电力供应商相比较而得出的。有人发现德拉克斯公司依赖几个大的批发合同，缺少零售顾客基数帮助公司对冲市价波动，并认为IPO是在持续走高的电价上的一个冒险行为，并且在由6个垂直统一管理的公用事业公司主导的市场上公开交易独立的电站是不合常规的。据德拉克斯公司总裁的说法，德拉克斯将继续寻找机会参与电力行业未来的并购。

（三）交易对手风险、政治风险、建设风险

1. 哥伦比亚特摩伊姆卡利

哥伦比亚特摩伊姆卡利是一个BOT（建设—经营—转让）电力项目，它服务于整个哥伦比亚卡利市。在1977年原始项目融资时期，该项目的所有者包括伊姆卡利公司、国际电力公司、贝克特尔公司的子公司等。其中，国际电力公司之后被贝克特尔公司和壳牌公司共同拥有，在2005年被出售给美国国际集团时达资本和安大略教师养老金计划。这个天然气发电厂的边际成本通常高于市场能源批发价格，因此，该发电厂主要提供备用容量服务，建设该电厂是为了减少该区域对水力发电的依赖性以及应对干旱时期的电力中断。

尽管过去的电力项目在建设期间由银行资助，在某些情况下通过资本市场获得再融资，但是仅在建设阶段结束后，特摩伊姆卡利根据《144A规则》对私募市场的规定，通过后备商业贷款承诺进行"开箱"融资。该项目贷方为借方特摩伊姆卡利提供了当时期限最长的债券，并且该债券在最初就获得了投资级别的信用评级。

银行的偿债信用证取代了普遍用于之前项目融资的政府担保品或电力购买协议。除了一个传统的证券包以外，在PPA协议下，伊姆卡利公司对特摩伊姆卡利的支付义务由一个信托制度保障，这种信托制度能保障项目公司享有伊姆卡利公司经营现金收入的优先权益，以防后者拖欠应付款额。

特摩伊姆卡利由于燃烧室出现一些问题，在商业经营开始时出现了短暂的停顿，在此之后，电力项目的业绩是令人满意的。然而，特摩伊姆卡利被信用评级机构降级，并最终违约，这是因为伊姆卡利公司、一个股权持有者和主要购买方都因为当地疲软的经济和管理不善而陷入财政困难。伊姆卡利公司无力支付其电力购买费用，造成特摩伊姆卡利于2003年拖欠债务。当2005年项目公司完成债务重组时，对于未偿还的原始票据中每1000美元，债券持有者均能收回969美元本金。

2. 菲律宾卡塞南多用途电力和水利项目

菲律宾卡塞南多用途电力和水利项目是一个期限为20年的BOT项目，它的所有者为菲律宾国家水利管理局（NIA）和卡塞南水和能源公司。在遵守BOT合同下，经过20年的合作期之后，该项目被免费移交给菲律宾政府，并预计在下一个30年内

继续进行商业经营。该项目包含了对卡塞南和蒂尼普河流的建设，这可以将水导入一个23千米长的隧道使水流进庞塔坂甘蓄水池，从而供菲律宾吕宋中心地区的水利和水电之用。在隧道末端有一个地下发电站，该电站的发电容量为150兆瓦。

1995年出售的高收益债券能说明在新兴市场国家进行大型和复杂项目融资的市场容量。这种高收益债券分为几种分券，有5年、10年和15年的期限，以满足投资者的不同需求，并且会快速收盘，以便将债券出售给机构投资者。在建设阶段中，原承包商EPC因失败被取代，在长时间的诉讼之后，韩国银行根据一个担保原承包商EPC的业绩备用信用证规定进行支付，但由于隧道钻探出现困难，使得取代EPC一再延迟。由于项目建设推迟和项目流动资金紧张，所以该项目需要母公司的资金支持。最后，该项目于2001年12月完成。

在经营开始后，NIA连续延迟对项目公司的每月支付，并且未能按项目协议的规定偿还项目公司在建设期间应缴纳的5200万美元税款。这个项目公司在2002年8月申请国际仲裁，目的是强迫NIA偿还应支付的税款。2003年，菲律宾最高法院宣布，菲律宾政府机构与菲律宾国际航空公司签订的一份有关在尼诺阿基诺国际机场建设三号航站楼的合同无效，理由是合同定价过高，且项目公司获得政府的直接担保，这违反了菲律宾有关BOT的法律规定。免除债务联盟是设在菲律宾大学的一个"智囊团"，它要求政府取消卡塞南项目合同和取缔几个独立发电商，因为它们拥有类似的政府担保，并且它们的协议条款被断定为对承包商过于有利。

七、项目融资的目的

尽管项目融资的发起人期望项目融资为无追索权贷款，这样就不会以任何方式影响信贷状况或资产负债表，但许多项目融资是为了达到某些特殊目的。

（1）为了避免债务出现在资产负债表上，这样就不会影响财务比率。

（2）为了避免债务出现在资产负债表的一个特殊注脚中。

（3）为了避免债务出现在一份债券契约或贷款协议中的限制条约范围内，这种限制条约排除了项目的直接债务融资或租赁。

（4）为了避免债务被当成一种现金义务。因为现金义务会稀释利息偿付比率，并影响发起人的信贷状况和评级。

（5）为了把直接负债限制在某个特殊时期内，例如建设或启动时期，从而避免将其保留在项目剩余年限中。

（6）为了使项目在建设期间保留在资产负债表外或使项目保留在资产负债表外，直到项目产生收入为止。

以上任何一种目的都可能成为一个借方寻求一种项目融资结构的充分理由。

必付合约是一种长期性合约，目的是在合同期限内保证定期支付某个最低金额的款项。这些款项足够偿还项目融资所负债务，并承担项目经营支出。最低金额款项偿还义务是无条件的，且必须被支付，无论实际上是否供应或生产了服务或产品。与此相反，在且取且付合约中，支付要视服务或产品的供应或生产情况而定，且支付义务不是无条件的。

八、会计考虑因素

项目融资有时被称为"资产负债表外融资"。根据GAAP的指导，在特殊目的实体（SPE）——例如一个项目公司中，控制财务权益的所有者（一般通过获得大部分的投票权益实现掌控）应该合并该实体。如此一来，所有者能够在资产负债表上记录他占有该实体的股权份额，以及在利润表上记录他所占该实体的收入份额。这就是我们所知的权益会计法。如果这个项目公司有几个所有者，由于人数较多，所以一个拥有50%或以下权益的所有者会把他所占项目公司的收入份额列在"未合并子公司的股权投资"这行的下方，同时把他所占股权份额列在资产负债表上的"未合并子公司的股权投资"下方。如果这个发起人拥有项目的权益低于20%，可以认为他对项目的管理影响不大，所以合并事宜与权益会计法都不做要求。假设发起人在一个项目上的投资和相关收入或损失与资产负债表和利润表上的其他项目相结合，那么这被认为是将上述提到的项目投资的几点列入注脚的一个很好实践，特别是考虑到公开和透明度的重要性。需要记住的一个重点是：无论项目的融资是在资产负债表上还是在资产负债表外，分析师都知道在哪里查找。

大约在1990年，很多会计意识到GAAP的传统指导对于SPE的指导效果不是很好，这种SPE的活动和商业决策是有限的，特别是在租赁的情况下。在紧急事项处理小组（EITF）发布的《90–15规则》中，财务会计标准委员会（FASB）的紧急事项处理小组总结得出：承租人不需要合并出租人的SPE，前提如下。

（1）SPE的合法所有者是一个实体（或许多实体）而不是承租人，并且面临很大的权益投资风险，尽管EITF认为某个数值相对太小而不符合标准，但有时拥有少到3%的权益也被认为是很大的权益。

（2）SPE与其他参与方有很多交易。

（3）与SPE资产有关的多数残余风险和回报取决于其他参与方。

EITF的指导受到了批评，因为这很容易使许多公司避免合并SPE，并且剩余权益等于资产的3%被批评为第三方投资风险过小。安然公司利用这种SPE隐藏公司债务，使公众关注到有关规则的潜在滥用，从而迫使FASB发布关于合并的新规则。2003年，FASB公布发行了《46号FASB解释（FIN）——可变权益实体的合并》与《51号会计研究通报解释（ARB）——合并的财务报表》以及《子公司的非控制权益的核算和报告》，以回应公众施加的压力。在FASB采取复杂的方法解决SPE问题引起许多争论之后，经修订后的《FIN46R》于2003年12月公布。

在《FIN46R》中，FASB归纳出合并规则应该以残余风险和回报而非投票控制为基础，并介绍了可变权益实体（VIE）的新概念。如果满足以下条件，一个实体就是一个VIE。一是资本很薄弱，以至于如果没有额外的财务支持，就不能对其经营活动进行融资，或它的收入波动率（预期剩余回报率加上预期损失率）超过股权投资风险率。二是其股权持有者作为一个群体没有直接或间接的能力对其经营活动做出决策。

《FIN46R》要求VIE的主要受益方（PB）合并该实体。PB是可变权益的持有者，它将获得预期剩余回报的绝大部分，并且承担绝大多数的预期损失。可变权益可能包括：股权投资，次级债务，担保品，衍生工具合约，租赁、服务合约，普遍使用的项目合约，例如电力购买协议以及经营和维修协议。

关于可变权益是什么以及参与方是否就是PB的问题非常复杂，需要专业的指导。根据《EITFW-7规则》，确定一个可变权益实体的权益是否为一个可变权益已有探究，但有些问题还没有得到解决，举例如下。

有4种方法可以用于确定一个实体的权益是否为可变权益。第一，公允价值法：这个权益是否能承受净资产公允价值的可变性；第二，现金流法：这个权益是否能承受这个实体现金流的可变性；第三，公允价值与现金流相结合法；第四，设计法：这个权益是否旨在承受这个实体的可变性。

当确定一个权益是否为可变权益时，在VIE中，对通过衍生交易或合约（例如电力购买协议）同时创建多头头寸的考察，应该按照通过现金交易创建多头头寸的方式。

九、满足内部回报目标

公司对新资本投资设定的目标回报率也被称为最低预期资本回收率。如果拟议的资本支出不会产生高于公司目标回报率（通常是其加权平均资本成本）的回报，那么这项支出不会被看作是一个令人满意的资本资源的利用。特别是当一个公司能进行替代性资本支出，从而产生超过目标回报率的资本回报时，这种情况尤其明显。

通过对投资进行杠杆操作，项目融资有时能被用于改进项目投资资本的回报率，这在很大程度上优于对项目进行直接的商业融资。通过确定其他几个对整个项目有投资兴趣的参与者，并直接或间接担保将部分债务偿还转移给这些参与者，就可以完成杠杆调节。例如，一个石油公司拥有有前景的煤矿，但却不希望开发它，这是因为它想更好地利用这个资本，可以引进一个需要煤的公司。在一份长期的必付合约中，可能需要有一个间接的担保，这个担保可以支持长期债务融资从而为煤矿的开采筹集资金相应地，这允许石油公司的投资起到更高杠杆率的作用，因此能产生更高的回报率。

十、项目融资的其他好处

将一种融资与项目融资分开的结构通常会使正寻求这种结构的公司获得与其目标有关的其他好处。耐维特和法博齐陈述了这些好处，包括以下5个方面。

（1）适用于这个项目的信贷渠道可能不适用于发起人。

（2）适用于这个项目的担保品可能不适用于发起人。

（3）一个项目融资在某些情况下可能享有较好的信贷条款和利息成本，但发起人的资信较差。

（4）债务融资可能实现比股权融资高的杠杆率。

（5）出于监管目的，项目融资的成本可能被明确隔离。

在某些情况下，上述任何一个理由都可能成为将一个新的经营事件结构化为项目融资的主要动因。

十一、项目融资的趋势

（一）基础设施要求

目前有大量的基础设施需求，特别在发展中国家更是如此。例如，在2001年，世界银行估算仅拉美地区每年就需要700亿美元以上的基础设施投入，并且这种情况会一直持续。

（二）私有化

这是一种世界范围内的趋势，反映了当前政治潮流。它能根据政府预算限制提供所需基础设施。这种趋势的形式包括公私伙伴关系等，尤其是英国的私人融资计划。

（三）反调节

随着私有化的出现，电力行业的反调节旨在吸引资本，并最终导致较低消费者价格。由于加利福尼亚州不完善的反调节造成的2000～2001年危机使人们对反调节结构产生了怀疑，并放慢了世界范围内电力行业反调节的发展步伐。

（四）证券化

这个趋势的表现是：出于项目融资的目的，可出售给机构投资者的债券越来越多，这些债券包括投资级别债券和高收益债券，且随之而来出现了信贷评级项目债务的发展。与这个趋势相关的有：由不同行业的项目组成的投资基金提供给投资者一种分散风险的方式，并提供给项目发起人一个额外的融资渠道。此外，与这个趋势相关的是：在日益增加的金融机构包括商业银行和投资银行的帮助下，债券融资和银行贷款灵活性逐渐增加，这些银行能针对单个项目融资提供贷款和债券融资。

（五）项目融资和公司融资形式的混合

缺少风险承受力与市场流动性有时会阻止项目进行公司资产负债表外融资，该融资是一种纯粹的无追索权融资。

（六）金融创新

随着租赁、保险和衍生金融风险管理等金融领域的创新发展，它们也被快速地应用于项目融资。

（七）利率波动

在边际水平上，提高和降低利率都可能会对项目产生影响，无论该项目是否可行。

（八）地方货币融资

随着养老基金和其他机构投资者在许多新兴市场上的作用越来越大，地方货币融资对于项目来说也越来越容易。

（九）银行能力

拥有广大的项目融资联合能力的许多金融机构就如同专业化项目融资群体一样正在缩减。拥有广阔地域以及具有商业和投资银行能力的机构在目前的市场上有着竞争优势。

（十）资本要求

1988年，由来自13个行业经济领域的中央银行家组成的巴塞尔银行监管委员会，针对最低银行资本要求发布了一个框架。框架要求，如果与贷款有关的风险为100%，且比例低于一个较低百分比的风险权重的话，银行留出的资本额为贷款额的8%。公司贷款要求100%的风险权重，同时抵押要求50%的风险权重，以及其他银行的信贷风险仅要求20%的风险权重。2004年，巴塞尔委员会出版了《统一资本计量和资本标准的国际协议》：这是一个修订过的框架，被称为"巴塞尔协议Ⅱ"。在新的框架下，比起公司贷款来，项目融资贷款可能具有较高的风险权重，但银行使用它们自己的风险估算系统时会有一个条款。因此，有经验的银行可能会使用它们精确的风险计算系统，从而避免关于项目融资贷款的更多复杂资本要求。此外，这一协议还区分了一般项目（例如传统石油和煤气项目）与特许权项目，其中贷款的偿还取决于是否有信誉高、受合约约束的最终使用者，例如政府实体。

第二节　应收账款管理

当一个公司允许消费者日后再支付他们在该公司购买的商品和服务时，就会产生应收账款。让消费者拿到商品或接受服务后再付款，意味着这个公司在向消费者发放贷款，也就是所谓的贸易贷款、商品贷款或经销商贷款。这里的贸易贷款不是纸币形式的贷款，而是自发形成的。当一个消费者购买商品或服务时，贸易贷款就形成了。

本节将探讨涉及发放贷款（即应收账款）的管理决策。发放贷款既是一种金融决策，也是一种市场营销决策。

一、发放贷款的原因

公司向消费者发放贷款其实是为了刺激销售。假设一家公司以20美元的价格销售一件商品，并且要求交货付款。再假设该公司的竞争对手销售同样的产品，但是允许消费者在30天之内付款。哪家公司会把产品销售出去？如果两家的产品和价格是一样的，那么当然该公司的竞争对手会成功地赢得消费者。所以发放贷款的利益就是从增加的销售额中获取的利润。

公司向消费者发放贷款是为了鼓励消费者购买其商品和服务。如果公司有80%的边际可变成本（即可变成本/销售额），那么销售额增加10万美元时，该公司获得的税前利润就会增加2万美元。还可以用另一种方法解释，即如果边际收益为20%（可支付固定成本的资金），那么每1美元销售额中，扣除可变成本后可剩余20美分的利润。因此，发放贷款的利益就是销售额变化带来的收益。

发放贷款的利益=边际收益×销售额的变化，如果一个公司的边际收益是

25%，且放宽贷款条件，该公司的销售额因此增加500万美元，那么从放宽贷款中获得的利益就占500万美元的25%，即125万美元。

二、贷款成本

跟其他形式的贷款一样，贸易贷款也存在成本问题。公司发放贷款就是在一段时间内放弃资金的运用，因此，发放贷款就会伴随着机会成本。此外，还有应收账款的管理成本——追踪记录欠款的费用。而且贷款到期时，消费者还有可能无法偿还贷款。

（一）折扣成本

公司通常向消费者发放的是附带隐含成本或隐藏成本的贷款。

（1）交货付款或交货后一段时间内（称为折扣期）付款的消费者会从发票价格中获得折扣。

（2）折扣期过后付款的消费者必须按发票价格全额付款。

如果不考虑其他成本（例如账款伴随成本和坏账损失），根据公司给予折扣时确定的商品和服务价格，其折扣收益和成本完全不同。所以折扣带来的"成本"并不足以让我们了解整体情况，因为公司很可能同时更改其边际收益，以补偿发放贷款的成本和风险，公司从贷款政策更改中获得的收益就提高了。

（二）其他成本

除了折扣成本，其他贷款成本还有很多，具体如下。

（1）应收账款资金占用存置成本，因为无法将这部分资金拿去再投资。

（2）账款管理成本和收款成本。

（3）坏账损失。

在涉及现金余额时，存置成本与持有成本类似：产品应收账款的机会成本与账款投资成本。机会成本是公司在其他投资机会中可能获得的收益。投资额是公司投在促销上的资金。例如，如果一个产品以100美元的价格出售，其边际收益为25%，那么该公司就投入了75美元在售出的产品上（原材料、劳工和其他可变成本）。

假设一个公司放宽其贷款政策，导致该公司的应收账款增加了100万美元。再假设该公司的边际收益是40%（意味着可变成本比率为60%），那么这家公司在应收账款上增加的投资就占100万美元的60%，即60万美元。如果该公司的机会成本是5%，那么应收账款的存置成本就是：

$$应收账款的存置成本=5\% \times 60万美元=3万美元$$

除了存置成本，还有账款管理和收款成本。发放贷款还涉及贷款记录。此外，还有人员成本以及追踪记录消费者欠款的文书成本。

除了简单的账款记录成本外，还有到期账款的收款费用。无论公司是自己收账还是请收账代理人收账，都存在确保消费者按时付款的成本。

（三）消费者贸易贷款的隐含成本

贸易贷款通常附带折扣率、折扣期和贷款到期全额支付的限期。消费者贸易贷款的隐含成本可以通过先确定贷款期内的有效利息成本计算，再将该有效成本以年为基础统计，以便于与其他形式的贷款进行对比。

如果贷款条件是"10天内付款可享受2%的折扣，付款期限为30天"，这意味着如果消费者在10天内付款，就可以享受2%的发票价格折扣；30天内付款，则需全额支付。即如果花100美元购买了一件商品，则可以在10天之内付98美元，或者10天之后30天以内付100美元全款。贷款的有效成本即折扣。对于100美元的购买交易，有效成本为2美元。如果按百分比来算，就是用发票价格的2%借得98%的发票价格资金。

$$贷款期内贷款成本 r=0.02/0.98=0.020408＝2.0408\%$$

如果这种形式的筹资贯穿整年，那么有效年度成本则按复利年度成本计算。假设在限期之日付款（销售后第30天），那么贷款期（限期与折扣期之间的差值）为20天，因此一年内f=365天/20天=18.25。有效年度成本如下：

$$有效年度成本 =(1+r)^{f=1}$$

相对而言，该贸易贷款给发放贷款的公司带来的有效收益为每年44.58%。

三、贷款政策和收账政策

（一）贷款政策

贷款条件包括最大贷款额、允许的付款期限（及付款限期）、折扣率和折扣期（如有）。给予折扣的目的是吸引消费者，从而提高销售额，鼓励消费者提早付款，减少应收账款的资金占用。贷款条件应该在营销需求（增加的销售额）和这些应收账款的成本（应收账款管理成本、坏账损失成本和资金的机会成本）之间寻求平衡。为了确定贷款条件，以满足营销需求，管理者必须考虑以下方面。

（1）消费者的现金流模式。消费者有季节性的现金流吗？消费者的现金流操作周期有多长？举个例子，如果一个公司是玩具制造商，其消费者（玩具零售商）就有季节性的现金流。那么管理层在制定贷款条件时就应该采用季节性的信贷延期策略，即折扣期从消费旺季开始。

（2）有竞争力的贷款条件。

（3）消费者之间贷款条件的公平性。各个公司在制定贷款条件时一定要小心，不要出现歧视消费者的情况。例如，不同消费者可能有不同的贷款风险须制定不同的贷款条件，但是必须向消费者解释清楚。

（二）贷款价值评估

1. 贷款因素

在评估消费者的贷款价值时，管理者必须考虑以下4个贷款因素。

（1）能力：消费者的还款能力。

（2）声誉：消费者还款的意愿。

（3）担保：如果消费者清算其资产，债权人收回坏账的能力。

（4）条件：消费者还款能力对经济和市场因素的敏感度。

2. 消费者的贷款价值评估信息

（1）先前与消费者的交易经历。

（2）信用评定机构和信用评定报告给出的消费者信用评级。

（3）与消费者银行和其他债权人的关系。

（4）消费者的财务状况分析。

在制定贷款政策时，管理者必须考虑获取这些信息的成本，例如，贷款报告费、人员费和其他用来评估贷款报告内信息的成本。通常情况下，很多公司开始会向消费者发放一笔小额贷款，看看他们会不会定时还款。

（三）收账政策

收账政策明确规定了拖欠账款的收账程序。收账开始时，应该给欠款人礼貌地提醒，再逐步采取严厉的收账措施，最后让专门的收账公司来收账。以下是典型的收账程序。

（1）当一项贷款离过期只有几天时，向消费者发一封提醒信，告知消费者应付的款项和贷款条件。

（2）当一项贷款过期达一个月时，给消费者打催款电话，告知消费者应付的款项和贷款条件，同时发信告知其将采取的收账措施。

（3）当一项贷款过期达两个月时，让收账公司来处理。

在确定收账程序时，管理者必须记住蛮横的收账方法可能导致后期销售的下滑。管理者还应该考虑消费者的处境。例如，如果消费者正在罢工，那么管理者应该避免采用对双方关系有害的收账策略。

四、应收账款的监控

管理者可以利用财务比率和账龄分析表监控应收账款的管理情况。分析财务比率有助于了解应收账款的总体收账进度，而账龄分析表将应收账款细分，标明每个款项离到期还有多久，可以帮助管理者更详细地了解收账情况。

管理者可以通过计算贷款天数比率来了解应收账款的收款速度。

这种方法是计算应收账款与每天的赊账销售额（一天内赊账销售总额）在一个时间点（例如年尾）上的平衡比率。

$$贷款天数=应收账款/每天的赊账销售额$$

式中，每天的赊账销售额指一个时期内的赊账销售额除以该时期内的营业天数。例如在一整年内。

$$每天的赊账销售额=赊账销售额/365天$$

贷款天数比率也称为平均收账周期和应收账款回收天数（DSO），用来测量一个公司平均需要多长时间收回应收账款。

假设面包批发商Whole Loaves每年的赊账销售额为100万美元，当前应收账款的余额为8万美元。那么：

$$每天的赊账销售额=1000000美元/365天=2740美元/天$$
$$贷款天数=80000美元/2740美元/天=29天$$

这意味着，这家面包公司平均需29天才能收回销售账款。

管理者可以利用这种方法评估其收账政策的有效性，将贷款天数与允许的贷款限期进行比较。管理者还可以利用这些信息预估现金流，因为从这些公式中可以了解每笔赊账销售额多久可以转为现金。

但是管理者在运用这种方法时需要考虑一些因素。例如，如果一个公司的销售是季节性的，那么管理者应该采用哪种应收账款余额？管理者应该按多长的时间跨度计算每天的赊账销售额？管理者在解释这些比率时必须非常小心，因为两种分子和分母都会受到销售模式的影响。例如，管理者喜欢将财年末作为公司运营周期的低点。也就是说，此时公司业务处于最低点，库存量最少，应收账款也可能最少。如果管理者在年末评估应收账款，可能无法得到最佳的收账数据。因此，管理者最好（并不总是）按季度或按月计算平均应收账款。

管理者还可以采用账龄分析表监控应收账款。准备账龄分析表可以帮助管理者了解公司的所有应收账款，并根据账款的到期时间进行分类，例如1～30天、31～40天等。账龄分析表见表4–1。

表4-1 账龄分析表

应收账款回收天数/天	应收账款数量	应收数额/美元
1~30	120	320000
31~40	40	80000
41~50	10	18000
51~60	5	15000
60以上	3	3000

上表列出了每组应收账款的数量和总额（美元）。应收账款数量越多，或者最短回收天数的应收账款数额越大，收账速度就越快。管理者利用账龄分析表列出的细分应收账款可以完成以下工作。

（1）评估消费者的贷款情况是否与贷款条件相符。

（2）估算近期收账获得的现金流。

（3）确定过期最长的账款。

管理者必须记住一点，如果每个月的赊账销售额有变化，账龄分析表也会有变化。例如，一个公司30~60天的应收账款可能在1~7月会增加，是因为5~6月的赊账销售额会增加，而不是因为这段时间的应收账款收账速度变慢。

五、制订和变更贷款政策

管理者很难测量发放贷款的利润或者变更贷款条件，因为需要考虑的变量有很多：如果管理者放宽公司的贷款政策，将贷款发放给更多的消费者，那么增加的贷款会有成本问题吗？这是很有可能的。这会改变预期方法吗？很有可能不会，因为在改变贷款政策之前，管理者无法知道新增销售额伴随的成本有多少。

理想的情况是，管理者希望制定的公司贷款政策（和收账政策）能使发放贷款带来的利润与发放贷款产生的成本基本持平。就这一点来看，管理者将所有者的利益最大化。但是利润和成本是不确定的。

优秀的管理者在从其制定的贷款政策和收账政策中预估贷款的利润和成本时可以借鉴自己的经验（看看更改贷款条件时会发生什么）或其他人的经验（竞争对手更改贷款条件时会发生什么）。

六、控股金融子公司

有些公司选择成立一家全资控股的子公司（母公司完全拥有的公司）为母公

司执行贷款发放和收账工作。例如，如果你买了一辆福特公司的车，你可以从福特的全资子公司——福特信贷公司贷款。福特信贷公司只是一种类型的控股金融子公司。其唯一的业务就是向购买母公司产品的消费者发放贷款。

子公司可以通过提供简便的贷款途径帮助刺激销售。例如，美国现代汽车公司发现，消费者购买他们的低价汽车时很难获得汽车贷款，因为购买这种汽车的消费者贷款拖欠率一般比较高。因此，现代公司成立了自己的金融公司——现代汽车金融公司（HMFC），向现代汽车的购买者提供贷款，提高销售额。

成立控股金融子公司的另一个目的是将贷款功能从母公司中分离出来。将贷款发放和收账作为独立的利润中心，可以更简单地评估应收账款的管理情况。

七、应收账款证券化

如今，管理应收账款的一个普遍方法是将其证券化。证券化过程即将应收账款出售给一个特殊目的实体（SPE）。SPE从债务证券销售中获取资金购买应收账款，一般称为资产支持证券。公司通过证券化可以将应收账款从其资产负债表中移出，并可以从与SPE的交易中获取资金。

第三节　库存管理

库存是指为了应对可能的销售而存放的实物商品，包括原材料、在制品和可供销售的成品。在确定库存量时需要考虑很多因素。跟应收账款一样，库存投资成本和足量库存成本之间有一个平衡。备货太多和太少都会产生额外成本。

一、存货的原因

一个公司有存货的原因有很多。最明显的原因，一个是如果一个公司销售某种产品，没有存货就无法完成交易。另一个是无法将商品瞬间制造好。如果一个公司制造商品，那么这家公司很有可能在生产的各个阶段存下一定量的货，这就是在制品库存。

管理者还可能希望准备一定量的成品库存，以应对销售量超过预期的情况。又或者是管理者会投机性地保持一定量的库存以应对突发事件，如产品发生变化或者原材料成本发生变化。例如，当可口可乐公司推出"新可乐"取代"旧可乐"时，很多零售商存放了大量的"旧可乐"——改名为"经典可乐"，以备有些消费者希望继续购买原来的可乐。

　　另外，有些公司存货是为了履行合同约定。例如，一家零售店是某种产品在一个特定地区的唯一分销商和代表，那么就要求该零售店准备一定量的存货进行销售。

　　制定库存投资决策时，需要考虑库存量，以保证边际利润（销售利润和预防性需求利润）与边际成本（比如存置成本）达到平衡。当库存量使边际利润与边际成本持平时，所有者也就获得了最大的利益。

二、库存成本

　　库存成本有两种：存货持有成本和获取更多存货的成本。

　　存货持有成本也叫存置成本，它是指存货存储、贬值、废弃成本和库存本身占用的机会成本。如果管理者估算每件货品的存置成本，那么总存置成本用下式计算。

存置成本=平均存货量×每件货品的存置成本

　　更新库存也是有成本的。管理者必须通过电话、传真或互联网下订单，必须为每笔订单支付运费。如果计算每笔订单的成本，管理者可以按下面的公式计算。

订单成本=每笔订单的固定成本×每期的订单数量

　　总库存成本就是存置成本加上订单成本。

总库存成本=存置成本+订单成本

　　假设：c为每件货品的持有成本或存置成本（美元）；Q为订单量；K为每笔交易的成本；S为一段时间内需要的总货品件数。

　　那么：

$Q/2$=平均库存余额

S/Q=订单数量

总库存成本=$c+Q/2+K（S/Q）$

　　例如，假设A公司一个月内的总需求量是50万件。如果管理者一次订购5万件，就要下10次单。如果每次下单的成本是100美元，那么订单成本就是10×100美元=1000美元。如果管理者每次订购5万件，并且存货全部售出，平均存货量就是25000件。

　　假设管理者估算每件货品的存置成本是0.2美元。如果手上的平均存货量是25000件，那么存置成本就是0.2美元×25000=5000美元。

库存成本=0.2×50000/2+100×500000/50000=6000（美元）

三、库存管理模式

库存管理模式有多种，但是所有模式的基本理念是一样的——将库存成本降到最低。我们将讨论两种库存管理模式：最低订货量库存管理模式和即时库存管理模式，看看管理者们是如何实现成本最小化的。

（一）最低订货量库存管理模式

最低订货量库存（EOQ）管理模式可以帮助管理者确定每次需要定多少量，以在一段时间内将总库存成本降到最低。在最低订货量库存管理模式中，假设：

（1）存货可即刻收到。

（2）存货在一段时间内匀速地售出。

（3）存货不够理想。

根据以上假设，每次存货用完后，公司可以通过订购一定量的存货将库存成本即存置成本与订单成本之和降到最低，即最低订货量。

最低订货量即为在下列公式中将总成本降到最低的订货量：

$$总成本=c（Q/2）+K（S/Q）$$

利用微积分学有关Q（经济订货批量）、d（总成本）$/d$（Q）的关系将总成本最小化，就得出最低订货量Q^*。

$$Q^*=\sqrt{\frac{2\times 每笔交易的成本 \times 总需求量}{每件货品的存置成本}}$$

或者

$$Q^*=\sqrt{\frac{2KS}{c}}$$

例如，如果c=0.20美元/件，K=100美元/笔，S=500000件，那么：

$$Q^*=\sqrt{\frac{2\times 100 \times 500000}{0.20}}=22361（美元）$$

对于这一次的订货量：

总库存成本=持有成本+订单成本

$$=0.20\times（22361/2）+100\times（500000/22361）=4472（美元）$$

可以通过计算其他订货量时的成本来判断此时成本是否最低。

如果订货量是10000件，那么，总库存成本是4500美元；如果订货量是30000件，那么，总库存成本是4667美元。

当Q=22361件时，成本最低。

可以通过调整EOQ模式，引入安全存货、交付时间和缺货限额等因素。

安全存货指补充的存货量，目的是确保公司在销售量超过预期，或原材料到货或产品生产延误的情况下，继续满足供货需求。安全存货量的多少取决于销售和生产的不确定性和滞销成本（滞销成本产生于销量下降和消费者流失）。

例如，很大一部分汽车制造公司的职员都成立了工会。一个制造零部件的工厂发生罢工，就可以在整个公司引起连锁反应。不仅罢工的工厂需要停止生产，其他工厂也会被迫停止生产。通用汽车加拿大零部件厂的一些员工在1996年举行了持续3个星期的罢工。好在通用汽车在美国其他地点有足够量的零部件存货，足以在罢工期间继续生产。

交付时间是指下单获取更多存货与收货（或生产）之间的时间。可以调整EOQ模式，这样可以早点下单，当新的存货到达时，现有的存货刚好用完。如果需要3天时间收货，那么再次下单之前保证3天的库存量是非常必要的。

缺货限额是指待售商品的缺货允许额。可以调整EOQ模式，允许缺货，虽然可能面临销量下降和消费者流失的风险。

EOQ模式有助于保证持有成本和订单成本之间的平衡。但是，将其运用到实际的库存管理时会存在一些问题。一是它没有将不同地点存货的情况考虑在内。例如，如果一个公司有很多零售店和区域性仓库，那么就必须调整EOQ模式，将公司的整体订单量、每个仓库的订单量、每家店的订单量都考虑在内；二是库存的东西有很多种——原材料、在制品和成品，库存的商品也会有很多种，那么每一种都需要有对应的EOQ；三是如果存货的需求是季节性的，那么EOQ就不是特别有用；四是如果有大量购买折扣，EOQ也不是很适用。

（二）即时库存管理模式

即时（just in time，JIT）库存管理是由福特汽车公司在19世纪20年代创立的一种管理体系，但却是由丰田汽车公司在19世纪50年代进行大规模应用的。即时库存管理的基本理念是通过制定一组指示补充商品和原材料订货需求的信号，将生产中所需的商品和原材料的持有成本降到最低。

JIT的目标是削减公司所需的存货量，使其与生产所需的原材料供应和商品的营销相一致。在JIT中，原材料只有在即时需要的情况下才会按所需量精确地购买。JIT的理念是要实现零库存，或者在不对生产或销售产生有害影响的前提下尽量保证零库存。这种库存管理方法的目标是通过以下措施削减库存。

（1）持有更少的库存，这样存储成本、损坏率和废弃风险都会降低。

（2）与供应商相协调，将订货成本降到最低。

JIT要求公司与其供应商互相协作。为了让JIT发挥作用，管理者必须保证可获得即时、可靠的商品和材料供应。同时，还必须预测生产流程，从而可以提前决定订货量，这要求高度的生产自动化。除此之外，商品和材料的需求量必须是可预测的。如果生产在不断发生变化以满足公司的产品需求，那么JIT就无法正常运行，甚至会失效。

JIT要求供应商、生产和销售互相配合，才能将库存量尽可能地降到正好满足消费者需求的水平。原材料只在生产需要时才会发货。公司只为满足产品的预期需求而生产。这要求很多协调工作，如果任何流程中的任何一个环节出现问题，都会对全流程产生影响。

JIT与另外两种管理方法：总质量控制（total quality control，TQC）和员工参与（employee involvement，EI）计划一起发挥作用。TQC指公司举全力保证产品和服务的质量以及生产、市场营销等。TQC还表现为公司的一些员工是其他员工的服务者。如财务经理通过评估生产设备的扩充为生产管理人员服务，而会计人员通过评估设备扩充必需的财务数据向财务经理提供服务。

EI是指所有层次的员工都应该参与公司决策的制定：通过参与决策的制定，员工可以更好地理解和执行他们的任务。同时，员工独特的视角可以在决策的制定过程中做出重大贡献。

JIT这种库存管理方法与现金管理的零余额账户支出管理方法相似。两者都基于一种理念，即公司的余额越少，成本就会越低。

JIT模式在全球得到了广泛运用。例如，福特汽车公司允许供应商进入其库存管理计算机系统，以便了解需要供应哪些东西以及何时需要供应。这有助于福特的供应商制订供应计划，更有效率地向福特供应所需商品，福特公司也会从中受益。

（三）其他需要考虑的事项

最低订货量库存（EOQ）管理和JIT的目标都是要将存货持有成本和订货成本降到最低。EOQ模式通过订货量管理实现成本最小化，而JIT与EOQ有细微的不同，它将重点放在这些成本的源头，并将持有成本降到最低。

除了持有成本和订货成本，还有很多其他决定库存量的因素需要考虑。其中一个就是库存税。如政府可能对截至一个特定日期的存货征税，假设是12月31日，这样的话，管理者就会在那天保持最少的存货量，这样做可能导致缺货。

另一个需要考虑的因素是进出口配额。如一个公司在美国生产产品，然后将产品销往日本，但是日本的进口量有限制。假设日本每个月的进口配额为5万件。如果日本国内的需求是季节性的，如每月平均需求2万件，但是6月的需求量会猛增到20万件，那么日本的进口商有几个月的进口量需要超过需求量，为6月的销售旺季存货。

四、库存管理监控

管理者可以通过查看财务比率监控库存，其方法与监控其他流动资产是一样的，比如应收账款。监控库存有两个指标：存货天数和存货周转率。

1. 存货天数

存货天数是指一个时间点上存货的价值（单位为美元）与每天销售的产品成本之间的比值。

存货天数=存货价值/平均每天的产品成本

这个比值是对该公司库存销售天数的估算，再加上对公司产品需求量的估算，这个比值可以帮助管理者制订生产和商品采购计划。例如，汽车制造商会密切关注待售汽车停放在店面的天数。如果停放的天数超过正常值，就会推出折扣和贷款刺激政策。如果停放的天数少于正常值，那么它们就会加速生产。

2. 存货周转率

存货周转率即一个公司一段时间内销售的产品（产品销售成本）与期末存有的产品（存货）之间的比率。

存货周转率=产品销售成本/存货

管理者根据存货周转率可以了解一段时期内存货在公司的平均周转次数是多少，即从原材料加工到产品的销售。如果一个公司的一般存货周转率是5，那么意味着这家公司一年会订货和销售5次。

如果存货周转率超过正常值，则表明有可能缺货。如果存货周转率低于正常值，则说明应减慢生产（会相对产生更多的在制品），或说明销售过慢，需要促销或提供折扣提高销量。

管理者在解释这些比率时必须非常小心。因为产品的生产和销售可能是季节性的，不会一直同步，那么计算中代入的数值可能就无法反映真实的情况。大部分公司会将季节性活动的最低点作为他们的财年末尾。例如，沃尔玛通常将1月31日作为财年末尾，因为其销售最高峰在圣诞节。2006年财年沃尔玛的库存见表4-2。

表4-2　沃尔玛的库存表

日期	存货/百万美元
2006年4月30日	31900
2006年7月31日	32087
2006年10月31日	38531
2007年1月31日	35200

这4个季度的产品销售成本为2641.52亿美元。如果管理者按照2007年1月31日的存货计算存货周转率，那么沃尔玛的存货周转率就是7.5。如果采用平均库存量（4个季末的库存量平摊），那么存货周转率就是7.67。两个存货周转率数据都是正确的，7.67可能更能代表沃尔玛全年的库存管理情况。

此外，库存周转率的解释也不是轻而易举的。高的库存周转率就好吗？好和坏都有可能。高存货周转率意味着一家公司有效利用了库存投资。但是，它也可能意味着这家公司面临着缺货的风险。将存货周转率与盈利能力结合起来，可以让管理者更清晰地了解是否从库存投资中获得了足够的收益。

第四节　风险资本与企业创新

一、风险资本、理论基础与中国技术创新现状分析

主要利用文献研究和理论分析的方法，对本书研究所涉及的风险资本、公司治理、技术创新等相关制度背景、理论基础以及在中国的发展现状进行介绍和阐述，为后续章节的论述与分析提供理论与现实依据。

（一）风险资本理论基础

1. 代理理论

代理理论是契约理论的一个重要分支。契约理论提出企业是"一系列合约的联结"。不同学者在此基础上从不同角度展开，进而产生了多个理论分支，其中交易费用理论和代理理论受到学术界广泛关注。交易费用理论侧重研究企业与市场的关系，认为企业与市场存在关联关系，市场上交易双方存在信息不对称的交易活动，从而产生交易费用；代理理论则侧重研究企业内部治理结构和代理问题，指出企业中存在所有者和经营者，两者为委托人和代理人的关系，还存在信息不对称和利益不统一的问题，可能导致道德风险、逆向选择等。因此，存在代理成本。代理理论的研究主要关注如何缓解代理问题，以实现企业内部有效监管和激励，从而带动效率提升。

代理理论认为，一项交易活动过程中通常有两个及两个以上当事人，分别为委托方（principal）和被委托方（也称代理人，agent），双方签订协议，由代理人为委托方服务，执行相应任务和行使权力。委托方和代理人之间的关系常被称为代理关系，这一关系以双方签订的契约为基础。一般而言，存在代理关系相应地就存在代理问题，即作为理性经济人，双方由于利益不一致，为追求自身利益最大化，

会作出对自身更有利的决策。由于契约双方不可能穷尽所有可能的信息，双方存在信息不对称，特别是代理人作为内部经营者，通常居于信息优势地位，所以，当代理人进行决策时，若自身利益与委托方利益间存在冲突，代理人可能产生机会主义动机，损害委托人的利益，并隐瞒或欺骗委托方。这种行为会损害委托方的利益。为减少这种利益损失，委托方必须采取相应举措，既要加强对代理人的监督和约束，又要适当激励代理人，使其为委托人利益努力，减少逆向选择和道德风险。激励和约束活动都是委托方的成本，因此，恰当规模的监督和激励机制才能产生积极作用。

在风险资本投资的过程中，风险资本和被投资企业之间形成了委托代理关系，那么两者之间也必然会存在委托代理问题，且该问题在风险资本投资之前以及投资之后均有可能发生。在契约形成之前，由于信息不对称问题的存在，被投资企业内部人所拥有的信息多于风险资本所拥有的信息。在这种情况下，被投资企业就有动机刻意隐瞒部分对自己不利的信息，放大对自己有利的信息并与风险资本签订契约。例如，被投资企业有可能对自己的相关资源状况、能力指标甚至社会信誉等方面进行隐瞒，从而给风险资本造成与实际不符的良好印象并签订协议。特别是一些劣质企业，为追求短期高回报，会更倾向于对自身经营状况进行"包装"，从而使劣质企业被"美容"，风险资本受到蒙蔽，放弃投资优质企业转而投资劣质企业，这一现象即"劣币驱逐良币"。在风险资本投资之后，由于存在信息不对称，被投资企业继续利用信息优势地位谋取自利行为，而风险资本因信息渠道缺乏和外部性处于劣势地位，缺乏对被投资企业的监管。风险资本的投资对象主要集中在生命周期处于初创期或成长期的企业，它们之间的委托代理问题可能更为严重。

代理理论已被学术界和实务界广泛认可，并且成为引领公司治理活动的主导理论。

2. 股东积极主义理论

股东积极主义理论是指机构投资者利用所持股份的投票权，愿意并积极参与公司治理来行使股东权利。学者们从多种视角对股东积极主义进行了解释。股东积极主义最早起源于西方市场经济国家。与早期的"用脚投票"的机构持股行为不同，其不是通过被动买卖公司股票来影响公司治理，而是通过进入董事会等途径，积极利用自己的投票权、议案否决权等方式直接参与公司决策和经营活动等。

西方股东积极主义主要经历了以下几个阶段的发展。20世纪80年代，美国资本市场出现了大规模并购兼并浪潮，为防止企业被收购，一些公司管理层采取一系列管理层防御手段，这一阶段内机构投资者侧重在反对管理层、反敌意收购措施等方面行使积极股东权力。20世纪90年代初期，收购兼并浪潮退去，企业处于重建和发展的重塑期，管理层防御举措使各大股东开始重视公司治理结构，因此，这一阶段机构投资者股东积极主义的主要目标是改善公司治理结构，特别是对股权结构、独立董事独立性等的调整。20世纪90年代中后期，资本市场竞争日益激烈，企业需要加快发展来获得更高的市场竞争力，这一阶段内机构投资者将重心集中在改善公司治理结构以提高公司绩效上。机构投资者主要通过利用专业知识、积极参与董事会发言、提高持股比例，增强发言权、调整高管薪酬、降低代理成本等。随着机构投资者的不断发展和市场逐渐成熟，机构投资者越来越重视在投资过程中的长期收益。因此，投资资金的流动性开始下降并趋于长期稳定持股，此时股东积极主义也有了更深远的发展。

近年来，中国机构投资者快速发展。由于初创期企业信息披露不够充分，投资者与经营者之间的信息不对称问题更加严重。而股东积极主义的发展有利于制约这类企业中经营者的机会主义行为，对"一股独大"的控股股东亦会形成有力的制衡，从而改善公司治理，保障被投资企业各项决策目标的实现。

（二）中国技术创新现状分析

1. 技术创新发展的制度背景

科学技术的发展和突破是中国不断探索的重要目标，特别是在改革开放以后，中国在技术创新的探索道路上一直是既有机遇也面临挑战。回顾过去几十年中国技术创新的发展，其中既有对国外先进技术的引进和借鉴，同时也有不断加大对自主研发的投入。具体而言，中国技术创新发展历程可以划分为四个阶段。

（1）恢复重建阶段（1978～1985年）。1978年3月，全国科学大会召开，会议提出将实现四个现代化作为国家战略，而科学技术现代化正是其中之一。大会同时表决通过《1978～1985年全国科学技术发展规划纲要（草案）》，该纲要对能源、农业、国防、遗传工程等27个领域的科技研究工作进行了安排，其中既有基础科学门类，也有技术科学门类，并在此基础上明确了108个重点研究项目。之后，中国政府又陆续颁布了一系列配套的法律文件和条例制度以鼓励技术引进和创新，如《中华人民共和国发明奖励条例》《中华人民共和国科学技术进步奖励条例》《中华人民共和国专利法》。

随着国家对科学技术重视程度的增加，中国科研机构的数量和国家科研经费的投入不断增加，中国由此迎来了"科技的春天"。然而，在这一时期中国技术创新的侧重点是恢复和重建在"文化大革命"时期遭到严重破坏的科技体制，在科技领域的资金投入虽然有所增加，但单位投入的产出效率却很低，往往投入了大量的人力和物力后也难以完成对现有技术的改进。因此，在这一时期，中国主要是学习国外的先进理念，并从西方发达国家购买和引进了许多先进的机器设备，通过对员工培训提高企业的生产效率。

（2）技术引进阶段（1985～1995年）。针对上一阶段中国的技术改进模式进行分析，不难发现，中国整体科学技术水平较低，与发达国家存在较大差距，并且社会财富积累不够，在技术引进过程中缺乏充足的资金支持。1984年，中国政府提出"用我们的一部分市场换取国外的先进技术"，扩大技术领域的开放程度并深化引进力度。1994年，政府制定了《90年代国家产业政策纲要》，该纲要的核心就在于利用外商直接投资补充中国原有投资结构的不足，从而扩充中国经济总量，并通过不断扩张和开放的市场吸引外部投资，从而实现对国外先进技术的持续引进，推动中国技术创新的发展。

从历史实践来看，在"市场换技术"政策的推行过程中，既有成功的经验积累，但同时也有失败的教训。虽然外商投资确实在一定程度上推动了中国诸多行业技术的提高，特别是带动了一批产业和上下游相关产业的发展。

但是在这个过程中，中国并没有掌握产业中的核心研发能力，关键技术仍然被发达国家牢牢掌握。中国在生产大量产品时，核心零件往往只能从国外进口。这导致中国企业在进行国际贸易时缺乏核心的竞争优势，并且受制于上游供应商的技术供给。长此以往，中国企业很难实现技术突破并在激烈的全球化竞争中取得领先地位。

（3）自主创新阶段（1995～2012年）。1995年，中国颁布了《关于加速科学技术进步的决定》，随后1996年又发布了《"九五"全国技术创新纲要》。在这一阶段，中国科技体制的改革速度不断加快，国家先后通过并颁布了一系列的法律、规章、制度等作为政策支撑，如《中华人民共和国促进科技成果转化法》《中共中央　国务院关于加强技术创新，发展高科技，实现产业化的决定》等。这些文件均指出要不断强化科学技术的原创性创新与跨越式发展。

这一时期，各项政策的提出、专项计划的实施和大规模经费的投入为企业自主创新的道路奠定了基础，中国在技术创新方面有了突破性的进步，在部分领域取得了原创性成果。然而我们也要看到，在一些关键性领域中国依然处于学习和跟随的地位，许多关系企业生存和发展的高端技术仍然依靠进口，尚未掌握核心科技，因此，在国际竞争时仍受制于人。

（4）创新驱动阶段（2012年至今）。2012年，党的十八大召开，大会上明确提出应当坚定走中国特色社会主义道路、落实以创新驱动发展政策。在之后的全国科技创新大会上，创新再次成为大会的焦点话题。全会还认为，应当加大实施科教兴国战略和人才强国战略的力度，坚持自主创新、重点跨越、支撑发展、引领未来的方针，全面落实国家中长期科学和技术发展规划纲要。2015年，国务院办公厅发布了《中共中央　国务院关于深化体制机制改革加快实施创新驱动发展策略的若干意见》，就推动贯彻国家创新驱动策略作出了具体要求。该意见主要从市场激励、产业引导、政策支持等方面提出了相应的建议，以便为企业在技术创新投入、组织机构设立、创新成果转化的一系列决策上提供支持，从而促使企业真正成为创新的主体。2017年，在党的十九大报告中也同样提到了要建立以中小企业为基础、市场经济为主导、产科研深入融合发展的创新体制。

这一系列政策文件为中国创新驱动发展战略的实施扫清了障碍，为中国企业技术创新营造了良好的环境氛围，提供了良好的政策支持。技术创新的目的并不是单纯的创新竞赛，而是要将创新成果落实到社会经济中，切实为中国经济的高质量发展服务。因此，现阶段企业的技术创新活动应当将市场作为风向标，充分利用各方面资源，通过多种途径和方式攻坚克难，同时加快从创新投入产出再到技术产品的过程，从而实现技术的全面突破，让中国企业在参与国际竞争时逐渐从追随者转变为引领者。

2. 企业技术创新基础理论

（1）资源基础理论。Wernerfell认为，受各种因素的影响，企业所拥有的资源具有明显的差别，这种差别导致了企业竞争力的差异，即企业未来的发展依靠的是同竞争对手相比的独特优势。此外，企业独特优势的获取离不开企业对现有资源的运用。一方面，企业对于原有资源的利用会形成资源储备，从而限制企业的未来决策，降低企业灵活性；另一方面，资源的开发和利用会增加资源的专用性，有可能提高企业的产出效率及资源的价值。

杰恩·巴尼被学术界认为是现代企业资源观（resource-based view，RBV）之父。他通过理论分析提出，企业竞争优势的形成主要是由于不同企业之间存在一定的差异。现代企业资源观认为，企业竞争力的取得主要依靠与竞争对手在战略上的差异化决策，而这种差异化决策实现的基础是对相关资源的获取、管理以及配置。Barney对企业中的资源进行了界定，认为它是能被企业控制的全部资产、能力、知识等，并且能为企业生产效率的提升和战略制定提供决策支持。同时，他还认为不同企业能够获取的战略资源是不对等的，并且不会随着时间的推移和企业内外部状况的变化而变得完全均衡。这种观点认为，企业要想在较长期间保持其在市场上的竞争优势，就会尽量使其所拥有的战略资源在企业间保持一定的非流通性，并且上述战略资源应当满足"VRIN"的原则，即价值性、稀缺性、不可模仿性和不可替代性的特征。其中，价值性表示有价值的资源，只有具有价值的资源才是企业目标实现、战略执行以及生产经营效率提升的基础。稀缺性即稀缺的资源，因为资源即便再有价值，一旦为大部分公司所拥有，也不能带来竞争优势或者可持续的竞争优势。不可模仿性表示无法被仿制的资源，这类资源一般需同时具备三点特征：特殊的历史条件、起因模糊、具有社会复杂性。不可替代性即难以替代的资源，不存在一种既可复制又不稀缺的替代品。可见，资源基础理论为企业的长远发展指明了方向，即培育、获取能给企业带来竞争优势的特殊资源。

（2）技术创新能力理论。企业技术创新能力通常被认为是能够为企业创新活动的顺利进行提供支持和保障，从而获取竞争优势，取得长期价值提升的能力。这些能力对企业生产经营的全部过程都会产生一定的影响，并且它们通常不是独立存在的而是相互关联的有机整体。目前，许多学者从不同的角度对创新能力进行了多方位的诠释。

组织行为学将技术创新能力视为企业一系列能力的综合表现，这些能力包括对资源的获取、对市场的深入了解以及对企业内外部环境变化的及时掌握等。创新资源理论将技术创新能力从取得来源的角度进行拆分，具体拆分为投入能力、效率能力、内部支持能力和外部支持能力。从技术创新主体角度，技术创新能力被划分为职工技能、管理水平、营销能力、文化观念等方面。另外，柳卸林从组织形式入手对创新能力进行界定，认为其应当受到产权特征、资本来源、风险承担和自主研发这四方面的影响。其中，一个企业的产权特征表明了技术创新成果的归属权，从而深刻影响着企业在研发活动方面的积极性；技术创新往往需要大量且持续的资本投入，从而维持企业创新的持续性；技术创新的投资回报期限较长，不确定性较大。因此，企业风险承担的意愿和能力也会对创新能力产生深远的影响，企业自身研发能力的强弱决定着创新的成功与否。Narayanan对能够影响技术创新能力的企业内外部因素进行了较为全面的分析。具体而言这些因素主要包括以下几个方面：第一，组织结构。通常，较弱的组织形式和较分散的层级划分对技术创新更具有促进作用，因为这样的组织结构更为灵活，有助于知识的传播和先进技术的交流，从而激励员工的创新积极性。第二，投入资源。企业技术创新能力的形成离不开资本和非资本资源、有形和无形资源的投入，可以说充足的资源供给是形成创新能力的前提。第三，沟通的有效性。企业的内、外部沟通效率较差，容易造成信息获取滞后，并且容易产生信息不对称问题，因此，企业沟通越有效，越能促进企业技术创新能力的形成。

二、风险资本对企业的影响

（一）风险资本与企业技术创新的关系

大量文献认为，创新活动本质上是一种投资行为，不仅仅在研发阶段，而且在技术创新整个过程中所涉及的各个步骤和环节都需要大量的资本支持，因此，资本市场对于企业技术创新具有十分重要的作用。然而，在上市之前的企业通常处于发展初创期，企业发展轨迹、成长性及能否成功均存在较大不确定性，因此，很难通过银行借款等传统方式获得融资。相比而言，风险资本可能对创业企业更具有适应性，更有助于解决创业企业融资受限问题，为其提供基本的"资源"保证。但创新活动与传统项目相比具有投入大、持续时间长、产出不确定以及价值难以度量等特点，而风险资本受限于其投资目标和投资周期，要求在退出时实现自身利益最大化，这可能导致风险资本的短期目标与创新活动的长期性产生冲突。因此，大量文献对风险资本与创业企业技术创新之间的关系进行了理论分析和实证检验。从结果来看，目前对于该问题的研究仍处于探索阶段，尚未形成成熟一致的结论。

以往研究中绝大部分的文献证明，风险资本能够为被投资企业提供资金支持，对创业企业技术创新具有一定的促进作用。最早对此展开研究的当属Kortum（图姆）和Lerner（勒纳）两位学者，他们通过对获得风险资本支持的企业和未取得风险资本支持企业的对比分析，发现具有风险资本背景与申请专利数、专利引用次数呈现显著正相关性。Tykvova通过研究指出，风险资本是一种具备较高风险承担能力的股权资本，其投资目的是寻求高投资收益，对于资金需求量大的初创期企业而言是良好的融资来源，它能够为风险和收益双高的投资活动匹配相应的资本。此后也有许多学者从资金提供的角度证明了风险资本对企业技术创新的作用。Bertoni（贝托尼）等采用意大利351家新兴高科技企业的数据进行实证研究，发现风险资本的资金支持能够对被投资企业后续的专利申请活动产生积极的影响。Popov（波波夫）和Roosenboom（鲁森博姆）采用1991～2005年欧洲21个国家的数据对风险资本和企业专利获得数量之间的关系进行实证研究，研究表明风险资本为被投资企业技术创新提供了融资支持，促进了专利的获得。吴超鹏等分析了风险资本与企业投融资决策之间的关系，并对背后的作用机理进行研究，结果表明风险资本有助于促进企业获取外部债务和股权资本，以补充企业在各类投资时需要的资金量。王兰芳和胡悦从数量和质量的角度对创新绩效进行度量，采用中国企业面板数据进行实证分析，发现风险资本能够对技术创新产生有效的促进作用，并且区分样本企业后发现，在对外部融资、技术依赖度高的行业和拥有良好知识产权保障的区域，风险资本对创新的作用更加明显。

除了可以为被投资企业的技术创新活动提供更多的资本支持，大量的理论和实证研究还表明，风险资本还可以为被投资企业提供特有的非资本增值服务以提高技术创新水平。Hellmann（赫尔曼）和Puri（普里）从风险资本、创新和产品市场三个方面展开分析，选择位于硅谷的173家高科技企业作为研究样本进行实证检验，发现有风险资本背景的企业在产品从研发到进入市场的整个过程中显得更有经验和能力。Hirukawa（蛭川）和Ueda（上田）认为风险投资者通常在战略规划、营销活动、财务管理等领域具备较高的专业技能，能为被投资企业提供专业化的咨询和指导，从而促进公司资源向科技创新领域倾斜，促进技术创新产出的增加。

Chemmanur等利用美国制造业的调查数据进行分析，研究发现与其他企业相比，有风险资本背景的公司在风险资本进入前就已经具有较高的全要素生产率，在风险资本进入后，其全要素生产率比无风险资本背景企业增长得更快。陈伟区分了政府背景和民营背景的风险资本，通过分析不同类型风险资本影响技术创新背后的作用机制，认为风险资本可以为被投资企业提供独特的非货币性质的增值服务，这有助于提高被投资企业技术创新的成功率，同时为创新成果顺利转化提供一定的保障。Maula（毛拉）等认为，风险资本凭借特定行业的长期投资经验积累，可以引导高层管理者注意技术不连续性和随之而来的商业机会，从而有助于创业企业创新水平的提升。

Bernstein（伯恩斯坦）等采用对风险资本的大规模调研数据进行实证研究，在排除了选择效应后，结果显示，风险资本家对他们的投资组合公司的现场参与导致了创新的增加和成功退出的可能。Colombo（科伦坡）和Murtinu（穆尔蒂努）认为，被投资企业可以利用风险资本的关系网络从外部获取大量有形和无形的资源，从而实现企业创新，提升企业价值。陈思等以2006~2011年深沪两市首次公开上市的A股公司为样本，运用双重差分模型分析风险资本影响企业创新的潜在路径和机理，结果表明，吸引研发人才和风险资本提供经验指导起到中介作用。一方面，风险资本的进入有利于被投资企业吸引和留住研发人才，扩大研发团队，促进团队合作，进而提升创新能力；另一方面，风险资本为被投资企业提供了行业指导和发展所需的资源，为企业技术创新提供必要的物质和经验支持。王兰选择科技型创业企业作为样本企业进行研究，结果表明，风险资本提供增值服务能够显著促进企业技术创新绩效。

此外，也有学者指出，风险资本作为积极股东可以严格对被投资企业创新行为进行监督控制，以保证其技术创新的顺利进行。程昆等研究表明，风险资本可以通过加强监控缓解技术创新融资中的信息不对称问题，减少道德风险，从而促进技术创新。Caselli（卡塞利）等以1995～2004年在意大利证券交易所上市的37家意大利风险资本公司为样本，通过统计匹配程序从非风险资本支持的IPO企业中挑选了37家配对公司。其研究证据表明，风险资本能够在选择阶段对被投资公司的创新能力进行充分调查，从而确保被投资公司的创新能力。买忆媛等利用美国考夫曼创业企业基金会的"考夫曼企业调查"（KFS）数据展开实证检验，结果表明，风险资本对被投资企业的控制力一般较强，在风险资本的支持与控制下，被投资企业更重视长期竞争优势的获取和发展的可持续性，而技术创新是能够满足上述目标的投资活动。因此，这类企业在创新方面的投入力度更大。Rosenbusch（罗森布施）等从信息不对称的视角对风险资本与技术创新的关系进行了研究，研究发现风险资本在投资之前会采取一系列措施对被投资企业展开深入调查，以期从各备选企业中选出创新能力强、发展潜力大的企业，从而为投资后被投资企业技术创新的顺利实现，以及自身获取高额增值回报奠定基础。

但是，也有部分文献研究表明，风险资本对于被投资企业技术创新的作用较为有限。Engel（恩格尔）和Keilbach（基尔巴赫）以德国成立时间较短的年轻企业为样本研究风险资本对技术创新的影响，对样本进行匹配并将其划分为有风险资本的实验组样本和无风险资本的对照组样本，发现在风险资本进入之前，获得风险资本支持的实验组企业专利申请数量要显著高于对照组企业，而在风险资本进入之后，实验组企业和对照组企业的专利申请数并无显著差异，表明风险资本根据年轻企业的创新能力选择是否进入和参与投资。陈见丽采用中国深圳创业板的高科技上市公司数据进行分析，对风险资本与技术创新的关系展开探究。其研究发现由于中国风险资本可能存在短视行为，风险资本既难以对被投资企业提供更多的创新资源，也难以为高科技企业创新成果的顺利实现和转化提供更有力的保障。沈丽萍在对中国创业板上市公司进行研究后，同样发现风险资本与企业技术创新的关系不显著，其原因主要在于中国风险资本普遍会在上市后择机退出，并不关注企业的技术创新能力。温军和冯根福采用中国2004～2013年在中小板和创业板上市的企业相关数据进行分析，结果表明风险资本并未促进被投资企业技术创新水平的显著提升，反而存在搜取现象，且其正向支持作用难以抵消负向影响。

随着研究的不断深入，一些学者认为风险资本对企业创新的影响不能一概而论，其影响会因风险资本种类和投资行为特征的不同而有所差异。现有研究主要从风险资本的资金来源背景、投资所处阶段、组织治理结构等方面研究探讨风险资本对企业技术创新的影响差异。

在资金来源背景方面，Lerner（勒纳）认为当出现信息的严重不对称现象时，民营风险资本通常会寻找相关的积极信号（如国有风险资本对某企业进行了投资）以提升其投资的保障。但是许多实证研究却表明国有背景的风险资本在支持技术创新方面的效果相对有限。左志刚等以风险资本投资的未上市企业作为研究数据来源，分析了中国国有风险资本是否在早期投资领域具有引导效应。其研究表明，在系列投资中，国有风险资本投资的时间较为靠后。另外，当国有风险资本作为领投方进行投资时，后续跟投的民营风险资本较少，说明国有风险资本的引导效应并未显现。

在投资所处阶段方面，Kerr（克尔）等采用断点回归方法，发现当企业获得风险资本的投入时，被投资企业的创新能力和发展水平都显著提高，且风险资本成功退出的概率也更高。年轻的、缺乏经验的风险资本对失败容忍度更低，且不利于公司的创新孵化。

在组织治理结构方面，Gompers（贡珀斯）和Lerner（勒纳）指出不同的风险资本具有不同的组织治理结构，并相应产生不同的投资目标，进而影响被投资企业的发展轨迹。Lerner（勒纳）指出促进企业创新的多种组织形式中，"混合机构"效果最好，即在研发实验室属性和企业属性相结合组成的混合形式下，企业创新能力最优。Chemmamir等对比独立风险资本和公司风险资本这两种形式后发现，公司风险资本的创新能力更强，企业专利产出更多，其原因主要在于公司风险资本相比独立风险资本拥有更好的专业知识以及更高的失败容忍度。王雷和周方召利用中国股票市场2008~2011年A股市场首次公开发行的上市公司数据，应用面板数据固定效应模型与倾向得分匹配法，从互补性资产的视角，实证分析了公司风险资本与独立风险资本对被投资企业技术创新的影响。其结果表明，获得公司风险资本投资的企业研发投入显著高于获得独立风险资本投资的企业，公司风险资本提供的不同类型互补性资产对被投资企业的影响存在差异。

（二）风险资本对企业公司治理的影响

1. 风险资本影响企业公司治理的动因

学者们在早期的研究中关注了风险资本影响企业公司治理的动机。许多研究表明，内部人的机会主义行为是风险资本十分关注的重要现象。比如，Sahlman（萨尔曼）对风险资本和被投资企业经理人之间的关系展开分析，认为当风险资本对企业进行投资后，风险资本就成为了委托人，被投资企业经理人就成为了代理人，两者之间存在较为严重的信息不对称问题。被投资企业经理人存在自利动机，从而实施机会主义行为，损害风险资本的利益。因此，风险资本需要对其进行监督与激励。为了缓解这种信息不对称问题，保护自身的投资利益，风险资本作为一种"积极股东"，有动机对企业的治理过程进深入了解和积极参与，从而对经理人的各项决策和活动进行监控，保障其利益诉求顺利实现。Smith针对机构投资者的特征进行深入研究后也指出，机构投资者由于持股比例较高、退出相对困难，因此，往往更倾向于采取"用手投票"的手段，即利用法律赋予的表决权和控制权预防、制止经理人的机会主义行为；而风险资本作为一种专注于初创期和成长期企业的机构投资者，有理由积极参与被投资企业的治理过程。齐绍洲和罗威分析了风险资本参与公司治理的动因与方式，认为风险资本具有双重属性，包括通过资金投入获取投资收益的"金融家"属性和积极参与被投资企业公司治理的治理参与属性，且风险资本参与公司治理比其他股东参与治理更能产生价值增长，进而保障企业的发展和风险资本机构的持续发展。

2. 风险资本影响企业公司治理的经济后果

现有研究普遍认为风险资本会对被投资企业公司治理产生一定的影响，以往研究对风险资本影响企业的治理结构安排和经理层的激励机制设计。这两个方面进行了大量的理论分析与实证检验。

在治理结构安排方面，一些经验证据表明风险资本的介入能够优化公司的治理结构，缓和委托代理矛盾。Lerner（勒纳）的研究发现，风险资本进入被投资公司董事会有助于优化企业决策过程，特别是在首席执行官发生更替时，风险资本机构会增加参与治理的董事数量以增强对企业的监督力。Suchard（祖哈德）通过研究发现风险资本能够改变董事会的结构特征，认为在有风险资本参与的公司中，董事会独立性更强，而这会对企业发展产生重大影响。陈艳红和程桂花从理论上分析了风险资本参与治理的方式，指出风险资本对企业进行投资后，会积极参与企业在战略、财务等各方面的决策，并对公司治理发挥主导作用；风险资本参与治理和监督的董事身份会延续到企业上市之后，对上市公司抑制风险、维护股价稳定和促进可持续发展产生积极作用。有学者研究表明，风险资本的进入、参与和最终的退出都对公司的治理结构产生影响。风险资本投资机构对被投资公司发挥监督作用，其监督作用在上市后依然存在，但较上市前略弱；风险资本的质量越高，越愿意通过股权激励等薪酬制度加强对被投资企业的监督。Krishnan（克里希南）等研究发现，高水平的风投机构能为被投资企业上市后的经营、决策等各项活动提供管理和支持，当风投机构持有被投资企业股份或者有人员在企业董事会中时，治理效果更好。王兰芳分析了2006～2010年在中国境内成功IPO企业的董事会特征，发现风险资本会抑制企业管理层权力，这一作用主要因为风险资本进入企业会增加非独立董事和扩大董事会规模，进而影响董事会结构。袁蓉丽等以2006～2011年的深圳中小板的IPO公司为初始样本，采用倾向得分匹配法从风投持股比例、风投机构声誉等角度，研究风投机构对董事会结构，包括董事会规模和独立董事的影响，得出了风投持股比例和IPO公司董事会规模显著正相关但与董事会独立性的关系不显著，以及风投机构的质量越高，IPO公司董事会规模就越大，但是并不显著提高董事会独立性的结论。李蒙和李秉祥以2015年之前有风险资本参与的创业板上市公司为样本，运用实证分析方法研究风险资本持股比例、股权集中度与企业成长性的关系。结果表明，风险资本在创业企业的持股比例与企业成长性呈倒U型关系，当风险资本持股大于33.72%时，持股比例越大，创业板上市公司的成长越慢。然而，也有少数研究表明风险资本对企业治理结构的影响甚微。

在经理层激励机制设计方面，Hellmann（赫尔曼）和Puri（普里）以硅谷高新技术企业为样本，发现在对经理实施股票期权的170家企业中，有风险资本投资背景的是没有风险资本投资背景的2倍。沈维涛和胡刘芬发现在联合风险资本投资的企业董事会中专业董事占比越多，高管薪酬对业绩的敏感性越高。赵玮和温军的实证结果表明，风险资本介入后，被投资企业更愿意以股权薪酬代替货币薪酬，从而降低股东与管理层之间的代理成本，提升公司治理水平。王秀军等发现有风险资本介入的企业显然比其他企业具有更高的管理层激励，且主要是薪酬激励和股权激励。

三、公司制度设计对企业技术创新的影响

由于创新过程的长期性和不确定性，创新型企业中的代理问题会更加严重。因此，如何通过协调不同利益相关者的目标动机、加强团队内外的有效沟通、规避机会主义行为和道德风险来降低监督成本，是提高企业的创新绩效、提升股东价值的关键。现有文献大多从所有权制度安排、董事会结构与运行特征、经理层激励制度设计等方面展开研究。

（一）所有权制度安排对企业技术创新的影响

学者普遍指出，公司产权特征和架构根本上决定着公司资源配置模式与管理架构的许多关键机制设计，深刻影响着公司的发展活动和创新业绩。由于社会主义市场经济的发展，在中国也逐步产生了各种企业所有制并存的情况。要分析股权结构中对企业技术创新方面的限制，研究者必须充分考虑公司的所有权性质。现有资料也指出，国企持股比重、政策影响程度等将对企业形成影响。这是因为国有企业由于其实际所有者长期缺位，代理问题严重，国有企业经理人处在一个非完全竞争

的市场中，管理层任命具有浓重行政化色彩，因而企业创新动力不足，创新效率不高。另外，有研究表明，家族涉入对研发投资会产生一定的负面影响。但也有研究表明，不同情景和制度背景下，家族控制对技术创新产生的影响有所不同。

股权集中度衡量股东对于企业的所有权集中或分散的程度，反映了企业的稳定性以及表决权的分散程度。许多研究表明，在较为分散的股权结构下，由于交易成本的差异和信息不对称，股东难以正确评估和监督经理人的业绩和行为，加之经理人本身的风险规避特点，创新活动往往很难持续开展，从而影响创新活动的实施。同时，经理人不合适的战略决定难以被阻止，还可能产生经理人的机会主义行为和道德风险。Sauerwald（索沃德）等研究表明，股权集中有可能产生大股东的掏空行为，产生更严重的双重代理问题，降低大股东的风险承担意愿，从而减少企业创新。李伟等从产业分析的视角展开研究，也得出类似的结论。

（二）董事会结构与运行特征对企业技术创新的影响

国内外学者曾就董事会的制度或董事会特征展开研究，分析如何构建良好的董事会制度以提高企业创新能力。董事会特征与权力安排等因素主要涉及董事会规模、独立性、领导权结构、技术能力特征等方面。

刘小元等研究指出，规模较大的董事会能够有效提高企业在技术创新方面的投入，促进技术创新。Chen研究认为，提高企业董事会的独立性能够促进企业创新方面的投入。Sena（塞纳）等检验了独立董事会对公司腐败造成负面效应的影响，研究发现，独立董事会倾向于在研发上投入更多，注册更多有价值的专利，且独立董事可以减轻腐败对创新的负面影响。但是周杰和薛有志以中国企业为样本进行实证研究，结果显示，董事会规模对企业技术创新并没有显著影响。肖利平的研究表明，独立董事在董事会中的比例以及董事长与总经理的兼任情况和企业创新投资没有显著的相关性。谢永珍等利用中国上市公司数据进行实证分析，也得出独立董事的规模不能促进企业技术创新的结论。Markham（马卡姆）认为董事会应设立专门的创新委员会，这一设立有助于创新的前端活动和正式开发活动的顺利开展。

（三）经理层激励制度设计对企业技术创新的影响

研究表明，管理层风险偏好和创新支持是影响企业创新的关键主体。但是，由于创新活动具有较高的不确定性，企业想促进创新必须加强对管理层的激励，包括薪酬激励、股权激励等方式，从而促使管理层充分利用自身的经营管理技能和专业知识，更有动力进行创新投入。

现有研究一般认为，薪酬激励特别是货币激励是一种短期激励，可能造成经理人短视，而鉴于创新过程具有长期性和不确定性，这一般不利于激发长期的创新行为。Fong以美国1991～1997年上市公司CEO的薪酬水平为变量进行了研究，发现当管理层对企业的控制权较高时，若CEO薪酬低于劳动力市场平均薪酬，则易导致管理层代理问题严重，创新的动机不高，甚至可能削减研发支出，选择回报期较短的投资项目。Burroughs（巴勒斯）等研究发现，单纯的外部奖励实际破坏了创造过程。然而许多学者的研究却发现，薪酬激励能够在一定程度上促进创新。

以往的有关资料指出宽容度较好、可以宽容早期错误和激励持续创新的机制往往会有助于创新发展。Kachelmeier（卡切尔迈尔）和Williamson（威廉姆森）的研究成果表明，基于绩效的薪酬制度对雇员的产出绩效具有促进作用，会对雇员的创新业绩造成干扰。而股权奖励就是这种基于业绩和报酬的回报的奖励方式。以往研究一般认为，股权奖励的公司部分股权为管理人员共有，即管理者个人薪酬与公司业绩相关，管理人员为达到期望效益最大化，获得较好的回报，也很乐于和公司共担新项目的经营风险，这样股权奖励的模式减少了公司和管理人员之间的代理问题，对管理者的非效率投资具有抑制作用。

尽管股权激励已被许多研究者证实可以有效解决创新投入流程中的代理问题，但也有部分文献的研究结论与此是互相矛盾的。多项研究成果都证明了股权激励法在创新投资中的正面效果。翟胜宝与陈紫薇的研究指出，对员工采取股权奖励措施可以鼓励公司开展研究项目、开展更多的技术创新活动，并且严格的激励型股权激励对创新的促进作用更明显。徐宁等利用中国中小上市公司的数据进行分析，研究表明，股权激励能够有效促进企业提高创新投入和产出水平。

也有不少研究人员指出，股权激励计划和对中小企业的融资并不是单纯的线性关系，而是呈倒U的关系。例如，王文华等的研究表明，当管理层股权激励程度较低时，企业提供股权激励与创新投入显著正相关，此时主要发挥利益趋同效应；而当股权激励程度过高时，增加股权激励不再起作用甚至会减少创新投资，此时"壕沟"效应更显著。徐长生等认为股权激励在中国仍是一种福利机制，激励效应体现不明显，股权激励在促进企业技术创新方面的作用较小。

除了薪酬激励与股权激励等物质激励，非物质激励对于企业创新活动也起到了一定的作用。组织层面创造力主要由组织创新动机、支持创造的管理者行为以及投入的资源决定，组织中的管理者行为对员工创造性活动造成重要影响，并且知识整合机制（即市场获取知识和内部知识共享）也会显著影响员工创新能力。激励对于创造性活动的有效性有显著影响，通过对团体协作进行激励比对单个人进行激励更能有效促进企业创新。

第五章　现代企业人力资源管理

第一节　企业人力资源管理角色发展

一、人力资源管理角色概述

（一）人力资源管理角色的基本概念

总的来说，人力资源管理角色可以分为以下二层含义：第一层，它代指人力资源管理的职能角色，体现了该人力资源管理角色所肩负的工作任务，以及由此反映出来的人力资源管理在组织内的角色、作用与功能；第二层，它代指人力管理者的角色，体现了所有参与有关人力资源管理职能行为的人（既可以是人力资源管理专业人员，也可以是公司内部的业务管理者，还可以是组织之外第三方服务机构的工作人员）在具体操作时体现出来的一种经营活动方式。第一层含义大致涵盖了人力资源管理工作的基本原则。第二层含义则大致体现出人力管理者的行为特点。

由于企业人力资源管理职能角色和企业人力资源管理者角色之间并没有被彻底分割，因此本文中虽不特意区分二者在含义上的区别，而是统一使用"人力资源管理角色"这一用语加以说明，但在具体研究上将重点针对企业人力资源管理的职能角色进行研究，亦即立足于企业组织层次研究企业人力资源管理职能的角色构成特性，并分析企业人力资源管理职能角色的演化过程和产生机制，从而研究当前我国人力资源管理角色的发展状况。

本书将公司人力资源管理角色问题描述为：在公司的战略目标实现和价值创新过程中，各公司人力资源管理机构以及人力资源管理工作者遵循的行为规范、公司目标和企业角色，及其由此起到的具体影响。在现代企业的经营管理情境下，人力资源管理职责既可以表现为人力资源管理专业工作者的职责，也可以表现为企业经营者的人力资源管理职责，甚至还可以泛指企业人力资源管理部门的角色。

（二）角色发展的内涵

角色一词首先是社会学中产生的，并由其下界定，简要说来，角色即某种模式，但是这个模式具有一致性、规范性，角色并非单一、虚幻的社会内容，而是其中蕴藏着人类社会对拥有独特身份的行为期待，而这些预期又是人类组成社会人群和社会组织的重要基石。

人力资源管理职能作为一个社会概念的延续和演化，将其和职业的概念加以结合，即是我们对公司人力资源管理机构和员工的期待。这种预期也应该作为人力资源管理研究的方向。在公司的经营中，人力资源管理职能转变是至关重要的，因此探讨它在公司经营中的职能转变，其目的主要在于研究公司的人力资源管理的整体作用发生变化，从具体的人才调动中，可以反映出公司人才的整体作用。而人力资源管理在一定意义上也关系到公司的发展目标的形成，而发展目标的具体实施就是在人力资源管理职能转变中进行的。

对人力资源管理各种角色进行的研究，主要是为确定人力资源管理的社会定位。而角色研究内容主要涉及角色建立、角色变化和角色发展等。深入研究角色的发展过程，通过深入分析角色的定位，再细分角色，就可以全面考察企业发展的基本路径与主线，从而在企业研究中创新思维、转化多种形式。人力资源管理角色在变化的发展过程中，在不同的经营条件下，角色细节也会有很大的差异，在公司中也就会起到截然不同的效果。

（三）角色发展的内容

人力资源管理角色演变状况，是对在企业经营国际化的大背景下企业人力资源者的实际工作过程以及对其所产生的角色定位探讨的重点。在不同的市场经济条件下，企业人力角色的变化状况也有所不同，而掌握企业人力资源管理角色的演变状况，就能够提升企业对人力资源的认识程度，从而有助于企业明晰定位，建立正确的经营管理模式、方法，同时也有助于企业提升人力资源效率与能力。而关于企业人力资源管理职业的演变状况，我们可以将之视为分析企业岗位变动情况的重要线索。因为企业中人的社会地位的变动也是岗位变动的主要表现，而企业的岗位地位变动也并非静止的。在许多公司中，人力资源管理职位处于暂时性的层次上，并相当程度地起到确定性职业需求的作用，暂时性也会随着人力资源管理机构的要求、个人职业的愿望和特定企业要求的不同而改变。

企业要想推动人才价值资源标准的提升，促进角色转变，必须根据人力资源中不同的因素从不同的角度观察制约人力资源职业价值的要素，以提升人力资源管理判断的科学性。

二、人力资源管理角色研究的理论依托

起步于20世纪70年代的中国人力资源管理角色研究，在经过了80年代发展期、90年代高速成长期之后，逐渐走向了21世纪的多元化繁荣期。因为这一领域研究现状的复杂化和研究内容的多样化，使得一般学者无法通过一个统一理论架构来说明整个问题，既有研究呈现了纷繁复杂的图景。布兰德和波希勒总结了研究中最常用的几个理论基础，它们是新制度主义理论、战略抉择理论、谈判演化理论以及共同发展理论。

（一）新制度主义理论

步入21世纪，商业环境变革、科技发展趋势，以及组织架构形式变化使得公司所有机构都无法再维持一成不变的经营状况，对商业环境变革进行的迅速响应成为公司存在和发展中首先必须正视的问题，也成为推动公司人力资源管理部门进一步调整与发展的主要因素。通过新制度主义理论的观点，早期的学者们分析了制度环境对人力资源管理职业角色的不同影响。

迪马乔和鲍威尔所提倡的新制度主义理论，是研究现代人力资源管理角色转换的主要理论源泉。在新制度主义的一般架构中，为了生存和获得合法性，组织受到限制性、模仿性与规范性压力的共同影响，而对某种行为、过程持共享性期待和认同态度，并最终体现为组织形态上的同型异构。为此，雅各比、詹宁斯等人系统分析研究了劳动力市场强度、法律法规和工会、机构集中度等各种因素，对人力资源管理角色转换所产生的影响。

另有部分专家从合法性问题的角度入手，研究了法律因素对人力资源管理工作选择的影响。在这一学派学者的眼中，为显示对于某些社会的价值观与信念的忠实，企业在其管理层的职能架构设计和模式选取等方面往往故意做出"模仿性同构"，以取得一定的合法性优势。

有关调查显示，美国的公司组织普遍更加重视成本责任，并普遍偏向于聘用有经验的专门管理人员和为组织配备高级的信息技术。而上述行动的实施并没有给企业提供产品质量方面的改善，只是企业管理者期望借此向其他利益相关者或其他企业传递信息，即企业正向战略的目标过渡，借此使其企业承认其合法性。

研究员们还发现制度也会透过组织内因间接影响到人力资源管理角色转换的方向与进度。因此，供应组织内部的专门管理人员往往会通过培训以及系统性评价等方法影响领导者的决定假设，进而促使供应组织遵从在其专门领域内盛行的某些制度安排。雷尼的一个实验分析表明，供应部门内部在人力管理方面的决定方法和模

式，直接影响着供应商对组织的雇佣方案以及结果。

（二）战略选择和谈判演化理论

和传统企业组织主义理论中的观点不同，一些学者提出了基于公司内部的原因，来研究导致公司人力资源管理的角色转换的因素。这一导向，使学者们开始使用策略选择理论和谈判演化学说作为研究人力资源管理角色问题的主要理论。这两种学说都主张人力资源管理角色是公司战略决定的必然结果；只不过前者更注重企业策略对人力资源管理角色产生和发挥的作用；而后者则注重了人力资源管理角色的管理者在做出职能决定前的一系列策略活动。例如，人力资源管理岗位通过采取象征性行为和政治策略的手段来提高自己在团队中的权威性和公信力，从而对企业领导者在人力资源管理岗位中的感知产生作用。

20世纪30年代中后期，随着国内外产品管制的逐渐减少、国际竞争的激烈，以及服务质量的压力促使企业把更多的关注点放到了顾客头上，并寄希望于以此达到对产品与服务质量要求的满意。今天，随着公司层次降低、架构整合、大裁员以及对竞争地位的日益重视，公司战略经营模式也出现了重要的变化。在不同战略模式下，公司人力资源管理角色的分配模式（集权或分权）已经发生了阶段性的发展与变革，并推动公司人力资源管理由传统角色向战略性角色的发生转变。

在集权型人力资源管理模型下，通过设置独立的人事管理岗位，并任用专业的人力资源管理人员来履行员工管理任务，是组织的典型特点之一。这一特征模式潜在地弱化了职能管理人员的功能性角色，并为人力资源领导者进一步提高其组织地位创造了机遇。

米尔沃德等人的研究成果表明，由于企业管理方式和人员在组织上的变化，企业人事管理实践者们在企业组织中的作用和角色也得到了一定的增加，从而逐渐成为企业行政事务和管理人员事务上的领导者。但是，由于市场条件的剧烈变动，集权型的人力资源管理体系显示了其应对环境变化方面的迟缓与失败。

20世纪80年代后期，关于欧美的许多公司将人力资源管理事务向业务管理部门授权的研究情况引起了许多争议，于是他们开始研究分权的人力资源管理方式对人力资源管理部门以及专业管理人员所产生的作用。根据雅各布的一份关于欧盟十所公司的研究报告显示，在1985～1990年，大约58.7%的欧盟公司开始将人力资源管理职责向职能管理人员下放；而到了1990～1995年，这一比率又提高到66.7%。丹麦与瑞士可以看作是欧洲分权化最为彻底的两个国家。这两个国家的公司多数都把人才筛选、薪资控制、教育发展、雇员关系处理、卫生和护理、人力资源规划这六大职责下放在公司的管理。

　　几乎同时，布鲁斯特等人又对欧洲各国的人力资源管理模式与角色关系进行了探讨。他们看到，员工在200人以上的欧洲公司更偏向于采用集中制定人力资源管理政策，并由职能部门和人力资源管理专业技术人员一起承担人力资源管理事项这一方式。而在这一模式下，欧洲各国人力管理者在组织中所承担的角色也不同了。如法国人力资源管理人员主要担任顾问角色，而西班牙人力资源管理人员则仍然负责的是一般事项，而管理人物的级别则偏低。虽然目前关于人力资源管理职权分配方案（集权或分权）和人力资源管理角色关系研究的结果并不统一，但有关研究成果仍然表现出了分权化人力资源管理模型对人力资源与管理职业角色转换的促进效果。

　　学者普遍认为，分权方式导致机构开始降低人力资源专业队伍的配置要求，但是没有减少对人力资源管理岗位的需求。现实的问题不但导致人力资源管理工作开始谋求新的变革，而且使得职业管理者在人力资源管理工作中的技能训练成为需要重视的问题。

　　从一定意义上来看，将战略选择和谈判演化理论主要运用于解释人力资源管理角色转换的机制与流程，是对在新制度主义理论分析框架下研究人力资源管理角色类型所做出的有益补充。这两种学说均强调了人力资源管理的战略选择过程和组织内部宏观层面约束因素之间的互动演化过程和结果。

（三）资源基础观和组织动态能力理论

　　西方学术界在企业战略管理理论和工业组织经济学基础上形成的资源基础观，也是分析中国人力资源管理角色问题的主要理论源泉。

　　受彭罗斯等人的企业核心优势与思想的影响，沃纳菲尔特首先系统阐述了公司资源基础观。后来，普拉哈拉德又将其发展为全新的战略分析方法框架。虽然从创立之日起资源基础观即受到了语义问题的诟病，但并不影响学者们对其投入研究的热忱，尤其是随着它在各管理分支学科中的广泛使用，更加表现出了其理论活力。

　　此后，在实践的层面上，卡佩利用人力资源理论从三个角度阐述了人力资本在企业策略制订和执行中的独特作用。威尔逊通过研究人力资本管理在四种组织胜任能力建立活动中的角色，论述了在建立企业竞争地位时人力资本管理的各种作用。

　　（1）借助于资源的基础理论，巴尼和赖特从资源价值特性、稀缺度、模仿度，以及组织结构四个角度，建立了经典的研究人力资源管理角色特性的VRIO框架模式。此后，许多研究者沿用并把资源理论观用作研究人力资源管理特性的基本逻辑范式。但由于资源能力理论还无法说明企业的竞争能力在成长过程中的动态性和复杂性，因此其他学者也加速了理论研究的进程。在1994年，蒂斯和皮萨诺首先提出了动态能力理论，于是以寻求更迅速的资源整合和实现企业动态条件下的竞争能力的新动态能力理论就形成了。

（2）动态能力理论强调把能力和资本有效分开。能力指公司在利用资本，特别是利用、重构、获得或者放弃资本的活动中形成的对复杂市场条件的敏感性。这成为我们重新判断公司能力源泉的有效尺度。这一新方法的引入，给研究者们阐明人力资源管理的重要作用带来了全新的思路。例如，图尔研究了在企业组织边界管理和流程控制过程中，人力开发通过担任四个任务（领导胜任力的开发者，战略与结构的塑造者，提供便利和创造的干预者，跨界管理者）为企业信息管理和信息交互系统所提供的重要作用。

从理论看，人力资源理论和企业新功能理论对阐明人力资源管理职能作用提出了一个来源，但在此后的实际问题上的研究更加充实了我们对这些概念的认识，也加强了我们对人力资源管理及其组织职能的理解。

（四）共同演化理论

不同于一般从单个层次因素剖析的人力资源管理角色问题，共同演化框架更注重于从各个层次因素（宏观、中观和微观）入手，整合性地解析各种因素间的相互作用，以及对人力资源管理角色产生和发展所造成的负面影响。共同演化理论也反映了整体分析视角的特点，是一个权变思想。在具体的分析过程中，由于研究者所选取的变量不同和研究途径的差异，基于共同进化理论的研究结果呈现出高度的离散性。

第二节　国有企业人力资源薪酬管理

一、国有企业薪酬管理现状

（一）国有企业薪酬管理背景

国有企业是指资本全部或主要由国家投入，并依法自主设置进行工业生产运营实践活动的组织体。它一般都是指国有独资，有时也把由国家控股的公司称为国有企业。因为在现代企业制度中，人们可以看到对关于人力资源的管理工作是非常重视的，而人力的管理工作能否取得成功往往会直接决定公司的运营结果的优劣。而一家公司若想在残酷的市场竞争中获得优势，那首先就需要进行人力的管理工作了。对人力的重视更是对现代知识经济发展的必然。由于当前中国的企业作为宏观经济蓬勃发展的主要支柱，它的人力的管理工作更是十分关键的。只是在现阶段，中国的企业薪资管理尚有不小进步空间，并面临着一定的问题。人力资源不能做好管理，也没办法调动好公司职员的工作积极性，也无法留住更多的优秀人才，因此中国的企业的薪资水平也亟须改善。所以，对中国国有企业的薪酬管理的研究就显得尤为重要。

（二）国有企业薪酬管理模式

薪酬管理模式是人们把公司的薪酬管理模式作为一个值得借鉴的工作方法的标准。但人们都明白，凡是称为模式的，意味着是能够通用的，对每一家公司来说是具有借鉴价值的。因为薪酬是由许多方面的要素所组成的。拿工资而言，单一的工资就能够分成很多种类型，包括基本工资、绩效工资、工龄工资等许多分类。各个公司又因为各自的优势，所以也有自己公司特有的薪酬模式。但是，人们也能够很简明地概括一些公司常用的薪酬模式：岗位薪酬管理模式、业绩薪酬管理模式、技能薪酬模式、市场薪酬模式。上述几种管理模式并非单一的，每一家公司都能够在根据企业性质后，根据一个甚至几个基本的薪酬模式去制定企业的薪资管理体系。

尽管在具体的运作中，极少的公司能够完全按照一种或几种薪酬模式，也要进行选择与取舍。但人们必须知道，不管什么企业的工资模式，都是必须以雇员为主要考量目标。对于不同的雇员要选择不同的工资计算方法，但前提一定是平等的。通常情形下，一家公司在设计其薪资体系时，都要或多或少地考虑到下几种情况。不管哪一种薪资方式，都要兼顾社会情况。对于多数国有企业而言，以员工为先，合理考虑工龄，并增加绩效付酬的比例，是较为适宜的薪资方式。

二、强化国有企业薪酬激励

薪酬管理对企业而言是把"双刃剑"。公司的激励机制系统建设关乎公司所有职工的切身利益，完善的激励机制系统既能充分调动职工的积极性和创造力，也能积极推动企业经济效益的提升和国民经济的发展。

（一）引入新薪酬体系的原则

当前国有企业的工资激励领域出现一系列现象，在外没有留住人员的诱因，内部不能有效激发人员的工作主动性，致使许多优质的人员流失。所以，要解决这一问题，引入有效的薪酬制度，形成完善、合理的吸纳人力资源、吸引人才的薪酬制度显得尤为重要。

（1）建立完善的奖金管理制度，并建立激励机制。企业在推行工资机制时要充分体现劳动公平性原则、物力激励与精力激励紧密结合的原理和工资与成绩相互挂钩的原理。在一般的薪资框架里，员工的薪酬与职务相关，而与能力无关。未来的薪酬激励机制改革则需要企业除强调基本技能的培训之外，形成与技术水平相应的有效激励，推动人才内部的有序竞争，提高人才的主动性与效率。利用共享与协作达到公司与个人的互惠共赢。

国有企业更应紧随新时代的发展脚步，深入研究企业薪酬管理体制改革的基本原则和特点，逐步建立有利于发展自己企业的奖励制度，并运用相应的体系进行定岗和职务评定工作，按照企业职工的经济实力合理分配职务，逐步实行职工竞聘上岗。根据表现状况适时上调薪资水准。

（2）掌握薪酬的内在公正和对外公正性。任何的公司都应该严正薪酬管理体系。因为工资的多少直接决定着公司员工的利益，所以工作团队的形成在很大程度上有赖于薪酬系统的合理性。而薪酬系统的合理性主要表现在对结果、程序、沟通、信息等的合理性，包括从对内、对外两个部门以及个人这两个方面进行研究。对内公正表现在同样的工作人员相同的领导能力和同样的工作积极性下，其薪酬待遇也一致。唯有如此才能让员工的工作积极性得到提高，让公司员工的价值最大化，让公司员工切身地感受到了来自公司的最大利益。外部公平体现在，将公司的人员置于与外部同行业相同职位下其薪酬待遇不能低于同行业水准，这样公司员工也不至于产生消极的抵抗心态。让人员长期处于公司发展之中，为公司的发展尽最大力量。个人公正性则是指在企业内同一工作期间待遇的公正性，个别的劳务付出和所获得回报之间的公正性，和个别曾经、目前以及未来所期望待遇之间的公正性。

（3）完善福利和保障制度，提高其实用性、新颖性。福利是工资体系中不可或缺的内容，它表达了企业对员工的关心和重视。在当今发达的市场经济和国际化条件下，面临强烈的国内外竞争，为了引进和留置专门人员，需要建立全面的人员待遇和保障制度。主要包括三部分，一是所有人都可以享受到的基本利益保护；二是员工在特定情况下可以获得的补偿待遇保证；三是员工可选择的弹性待遇保证。这些保障制度的实用性与新颖性能够满足不同阶段、各种情况员工的需求，能够充分调动员工的主观积极性，提升业绩，吸引员工，增强员工的归属感。

（二）建立新的薪酬管理制度

（1）按绩效定酬。按绩效定酬制度可以激发职工的工作主动性，从而充分体现了企业的工资制度的优越性。针对人员的业绩高低进行定酬，重点在人员劳动成果、效率、任务量完成率等方面加以分析，做到多劳多得，少劳少得。鼓励职工的个人成长，帮助公司培育更多的专业技能人员。

（2）在公司内部引入宽带薪资制度。按照个人职业、技术和职能上的差异，企业薪资制度大致包括管理、专业技术、技能、辅助四个系统。而每个体系中则按照各个细节，如员工技术、技能水平等而细分为不同的职业级别。这种分类方法使得各个职业薪酬的标准不同，进而使得企业薪酬安排更加富有弹性，促进了员工技术和能力上的提高，并增加了员工对晋升提高的追求。此外，各个级别的薪酬均由职级底薪和浮动工资构成。职级底薪主要由稳定报酬部分组成，包括工作岗位工资、技能工资和年工资等。而浮动工资则主要与员工业绩相关，包含奖励、补助以及其他的鼓励性薪酬，级别越高，则浮动工资所占比例也应越高。宽带工资制度让员工的薪酬体系不再单调，薪酬不仅和职位挂钩，只要努力，获得高薪的机会也会大增，也就极大地提高了员工工作的热情与创造力。

（三）创造新的薪酬激励环境

1. 实行弹性的工资发放方式

完善的工资制度能够增强职员的工作主动性，改善他们的生存素质，拓展他们的人际交往领域。当前公司的工资大多采取透明和保密两种发行形式。

工资的公平发放也是为了顺应时代潮流的要求，公平透明方式能够让每位职工更容易地知道自身的薪酬构成、职务的重要性等，和其他职工进行比较，以便于自主学习，增强自身的工作能力，同时也节省了公司的生产成本。但是它也会产生一些不良影响，如会使得部分工作人员产生自满情绪，认为自己很有才能，但容易低估别人，从而造成利益冲突，这就需要引入秘密发放模式。

秘密薪酬管理模式是对薪酬公开模式的补充，它是指将工资的决定、分派、发放等过程都不公开。通过这个管理模式能够降低雇员内部的不平等感，从而减少由于薪酬水平不同而产生的矛盾，同时也会削弱激励效果，增加雇员的心理压力，对自己的薪酬水平耿耿于怀，进而影响工作绩效。所以，薪酬管理是件很复杂的事情，需要综合考虑多种因素的影响，而选用怎样的薪酬发放方式，主要根据企业的实际状况和所希望取得的最大效益，对具体问题具体分析。比如，联想公司的薪酬发布方法就是保密制度，在实施发布时就是以保密和公示两个形式相互兼容，体现在企业职工的个人薪酬的高度保密化，薪资结构和薪酬标准是高度一体化的，考评制度也是十分完善，并拥有着先进、公正客观的考评工具。从中可以发现，这两种制度的结合能够让企业职工工作积极性得以提高，同时反映出企业的公平性。

2. 做好公司文化建设

公司经营思想和发展倾向与薪酬制度密切相关。公司文化是一家公司的核心，而决定这个公司长足发展的关键除公司的文化之外，最为关键的便是薪酬体系。由于薪资体系是以人为基础的，而我国的文化和按均分配制度严重影响着部分国有企业的薪酬体系和待遇机制，进而影响公司的管理。在思想上很难接受待遇上的差距，执行的困难可想而知。所以，目前我们的重点是公司文化建设方面，形成富有激励意义的薪资制度。通过良好的公司人文氛围和科学的激励机制，可以让职工产生归属感和成就感。在品牌价值与使命感的建立方面必须是建立在公司的立场上，如此能够推动公司整体效益的成长，能够高效地推进组织变革以及形成优秀的公司文化氛围。

第三节　民营企业人力资源管理

一、民营企业做好人力资源管理工作的重要性

当今社会，中国民营企业的经营管理主要是围绕着人力资源这一主题而进行的，虽然人力资源是中国民营企业所必须掌握的基础资料，但是相比于国有企业或外资企业来说，我国民企在管理人力资源方面还存在着很大的不足，这就需要中国民企进一步加强对人力资源的关注工作。

（一）人力资源管理是企业生产和发展的基础

公司要想实现长足稳定的成长，需要具备丰富的人力资本，在对人力资本实施高效管控的同时，可以充分调动员工的干劲，给公司带来更可观的经济效益。根据人力资源的经营情况，人才应密切配合公司开发的战略规划，并采取相应的保护措施，为公司创造更多的价值。公司在具体的管理工作流程中，可通过培训、考评和薪酬体系结合等各种模式来提高管理模式的有效性，让公司的人力资本实现更大的效率。公司在具备了基础厚实的优质人员之后，就必须采取相应的人才激励举措，全面发掘优秀人员的潜力，并根据员工本身的特点，有针对性地为其开展职业生涯规划；并通过培训等一系列活动，科学合理地进行人员搭配，以充分地调动员工的工作创造性，提高公司整体团队的思想素质，从而增加员工对公司的认同感和归属感，使公司整体员工业绩提高，为公司发展创造了更好的社会经济效益。从具体操作方面，可以通过引入职位轮换的机制，改善员工与公司职位的搭配机制，从而提高整个企业系统的灵活性，依托员工个人生产效能的提高，推动公司整体效益的成长。

（二）人力资源管理与企业核心竞争力的培养相辅相成

企业核心竞争力指的是在企业的竞争环境中，竞争对手不能突破或者复制企业

的核心技术和因素。公司的核心能力是随着企业运营阶段的成长逐渐形成，在后期经营的过程中，形成自身的优势品牌或能力，对公司的成长有着强大的保障作用，这是一个市场竞争行业中稀缺的人才或资源。

从企业核心竞争力的构成来看，主要得益于企业内部的科技、文化以及制度等领域的不断创新建设，而企业内部的科技、文化和制度领域的不断创新建设，也离不开人力资本的保障。如果中小企业拥有了厚实的优质人力资源，这种人才的优势和紧缺性就构成了中小企业立足市场竞争的强大条件。所以，中小企业要想实现中小企业的竞争力，就必须从人力资源的建设和培养上着手。依据相关的统计分析资源表明，对许多的大企业来说，都把人力资源的培养视为中小企业获取竞争力的重要源泉。而企业本身所拥有的人力资源，也离不开企业战略规划及其内部发展体系的构建，并显示出了鲜明的企业特征。优秀的人力资源是其他企业不能比拟的，依靠人力资源方面的投资与管理，就能够给企业的竞争带来巨大的帮助，这样的意义在世界的竞争过程中已经越来越重要，企业开始把人力资源的建设、培训和激励视为整个管理的基础。

公司在人才方面的研发管理实力与公司的核心竞争力密不可分。公司核心能力的提高是一个持续发展的过程，而作为整个公司人力资源管理的核心目的，就整个公司的发展前景来说，唯有通过全面整合公司内部的人力、财力和物力，方可真正充分发挥出资源的综合效率，为企业核心竞争力的培养奠定了有利条件。

卡耐基曾说，对一座厂房来说，设施以及人员的数量并不是最关键的，最重要的资产就是企业拥有的人力资源，它同样能够产生出更大的价值。这就说明了企业的人力资源对于企业成长的巨大作用。人力资本在公司的经营过程中占据重要作用，包括具体的发展、分配及其相关的制度建立过程，均必须根据这一因素来进行。公司的人力资源管理过程贯穿于实际经营流程中的各个环节，不管是初期的战略规划，还是后期的执行过程，都必须根据公司的人力资源加以合理分配，才能实现其最佳的经济效益，推动公司长足稳健发展。

（三）人力资源是企业长期发展的基础需要

自我国成为世界贸易组织的成员国后，由于国内外宏观经济环境的发展改变，我国民营企业在蓬勃发展的工作过程中也暴露出了许多问题。因此，由于民企内部没有公平的竞争，相应的法律不完善，企业产权不明晰以及科技人才资源缺乏等一系列问题，都对民企本身的发展产生了巨大的限制。公司必须依靠企业人力资源建设质量的提高，来扩大发展的空间。针对民营企业资金不足的问题，往往具有很大的普遍性，但是通过发挥企业人力资源管理的重要作用，就能够有效解决对这一问题的限制；在民营企业的经营水平还不高时，人力资源管理就更有其重要性，能够依靠企业对员工管理基本素质的培训来完成。科学完善的人力资源管理体系对公司总体实力的提高有着关键作用，我国成为世界贸易组织的成员国之后，知识经济浪潮给人类的生存方式带来了重要的冲击，公司得到更大发展机会的同时，面对的竞争也更加剧烈。不管是我国成为世界贸易组织的成员国后，还是知识经济的时代，我们只有找寻到良好的成长机遇，充分解决自己的问题，才能在激烈的市场竞争中做出一定的成就。对整个世界经济市场的竞争来说，归根到底都是对人力资本的较量。当今时期，各种公司普遍加强了对人才的关注程度，把人才资源管理视为企业进一步稳定发展的战略目标，民营企业要想立于不败之地，更加必须提高对人才资源的关注能力。

二、民营企业人力资源管理工作的现状及主要问题

（一）民营企业人力资源管理的现状分析

民营企业在管理人才方面的问题与不足，主要体现为以下几个方面。

1. 人力资源管理相对简单

因为民企本身建设的基础设施就比较薄弱，而人力资源又比较稀缺，加之企业人力资源管理职位的设立还没有科学依据，对企业内部人员的工作职责还没有具体的界定，也没有专门人力资源管理知识，内部配套制度建立也还没有健全，在企业迅速成长的过程中无法真正充分调动起企业的操作主动性。此外，民企对人才的投入不够关注，没有一个完善的人才发展计划，着眼于眼前利益，不能给员工创造更好的发展平台。

2. 人才存量少，流动性大

不少民营企业内部的员工仅把为企业上班当成打工，对公司的归属感也就非常不好，并没有把自己的事业发展和公司的发展与壮大联系在一起。民企人员的工作压力也较大，特别是民营企业的技术人员。在实际环节，假如民营企业无法提供预期的薪酬水准，又或是在同领域有提出比较丰厚条件的公司，民营企业的员工就会产生集体跳槽的情形，使得民企无法吸引稳定的技术人员，也无法使民营企业自身获得长足发展。

3. 员工对企业的归属感薄弱

员工不具有共同的价值观导向，对公司的认同感不高，满意度处在相当低的层次，尤其是那些较为注重自我需求的员工，民营企业往往满足不了这一类员工的需要。

　　总的来说，伴随社会主义市场经济的兴起，中国特色社会主义市场经济发展行业的制度改革的日益推进，市场机制日益完善，而民营企业所面临的国际竞争也越来越激烈，原有的管理模式也越来越适应不了现代民营企业的发展改革形势和要求。根据这些现状，民营企业在迅速成长的进程中，不但要进一步巩固公司的市场地位，还要放眼于未来，进一步提升公司的科技能力，为公司的经济发展开辟新的发展方向，在市场经营、发展战略规划、生产经营以及企业技术管理等诸多方面，也应做出一定的改革。其中，人力资源的建设对公司长期的经营发展至关重要，应放在中心位置上来处理。只有具备了厚实的人力资源，才能夯实公司经济成长的基础。从宏观角度分析，在中国市场领域，对于民营企业的人力资源管理领域尚有许多不足，需要进一步推动企业体制的改革完善。

（二）民营企业人力资源管理中存在的问题

　　由于宏观经济环境的发展改变，人力资源管理工作方式也发生了变化，很多亏损甚至破产的小公司，在人力资源管理工作方面都有着巨大的问题。我国民营企业在人力资源管理工作方面存在问题，主要体现在以下几个方面。

1. 人事观念传统

　　当今阶段，企业人力资源管理理念的主要体现是，企业必须把人这一主体作为与企业进行经营竞争的核心要素，所有企业的重大战略规划以及重要决策活动，都必须围绕着企业的人力资源管理工作来进行。所以，当前企业要紧密关注人力资源部门及与其他人员之间的联系，以进一步加强企业的凝聚力，并增加企业人员对企业的岗位归属度。让企业的人力资源管理部门真正做到以人为中心来进行，如此可以有效实现个人的发展和企业的长远发展方向一致。但从我国当前的民营企业来看，不少民营企业缺少对人力资源管理事业的合理认识，同时相应的经营思想还不成熟，配套的管理制度还未完善，常常只着眼于企业家本人的发展，不能为民营企业人力资源的形成与开发创造良好的条件。管理模式也只能着眼于质量的提高，没有健全的机制。现代社会普遍崇尚以人为本，现在中国大部分民营企业都纷纷引进了适应现代化要求的人力资源管理方法。但由于企业对理念的认识出现某些偏差而产生了错误的理解，使得企业以人为本的理念只是停留在理论表层上，如岗位介绍等内容往往只是敷衍，而不能实际地理解与运用。

2. 缺乏有效的人力资源战略规划

　　在一家企业构思战略未来的时候，必须从人才培养开始。由于企业理念、产品以及管理都离不开人才培养，所以人力资源成为企业的关键角色以及形成企业竞争力量的关键。人们已经明白，人能够创造资源，还能够创造经营模式，企业的决定人都是人，企业的管理者也是人。所以，企业内部的竞争就应该归结为人和人之间的竞争。从中我们看出，企业在实施战略发展的过程中，必须把人才培养视为核心。只是我国很多的企业没有认识到人力资源管理对于企业战略的意义，因此忽略了该领域的管理，把注意力全部放到其他经营领域。如果一直采取这种旧思想，将影响企业的管理，使得职员缺乏工作积极性，进而延缓企业成长。

我国民营企业常常是忽略人才的战略，也没有对民营企业的现状进行研究，同时也没有认识现行的制度如何能够支持民企的战略高效地实施。所以，我们的人力资源规划常常无法与企业发展规划进行结合，致使人才走向分散。

现在随着我国市场经济发展得很快，很多的民营企业管理人员的整体素质也在大大提高，民营企业管理人员也开始更加重视人力资源管理。不过，即便企业管理者对其重要性有了了解，员工的行动与意识还是会出现相应的不足，大多数的民营企业在制订公司发展策略的过程中，首要考察的是企业人力资本状况及其现有机制是否对企业发展产生促进作用，与企业发展策略是否一致。在实现整体策略的过程中，会存在人力资本需求与供给之间出现差异的现象。

3. 家族化管理导致人才流失

现代管理属于知识的时代，所以民营企业员工的整体素质都在不断地提升。民营企业在不断扩大规模的同时，却越来越缺乏人才，更是缺乏卓越的领导人才。现在一些民营企业的管理者学历较低，他们对外来工作人员无法予以信任，使得学历较高的管理人员不能在民营企业内有所施展。很多民营企业的中层管理人员缺乏对知识的掌握，使得管理人员整体素质得不到提升。

民营企业在刚开始发展壮大的时候，由于其最高层管理者主要交由亲属任职，大概90%的公司财务管理控制权在家庭成员手里。所以这种管理方法需要耗费的成本相对较少，同时要面临的社会道德风险也较低，上述优点都有助于民营企业的迅速发展壮大。不过当民营企业在经过发展逐渐壮大并具有了相当的规模以后，传统的企业管理制度也会遇到了各种各样的挑战，比如企业只选择了使用亲戚、企业的控制权全部都交给了家庭成员、企业的管理制度也无法充分落实到亲友中、企业无法信任外部员工等。上述问题都会造成企业高素质人员缺乏，企业采用家族制度管理就会直接造成人才不合理分配，进而直接抑制精英工作者发挥作用，最后造成企业发展不科学，难以健康长久发展。

目前市场发展到一个时期，企业内部的竞争日益加剧，随着经济的发展，原有的企业模式呈现出许多弊端。如果持续采取这种模式将使得企业不能持续经营。同时这种模式直接造成企业缺乏大量人员。

4. 招聘与培训不够规范

企业的人才引进必须制定人才方案和流程，确保程序合理。不过，现在国内大部分民营企业的人才培养都不足，同时出现较多不培养情况。很多的民营企业创业者因为所获得效益在短时间地迅速飘高，而出现了许多错误的观点，即认为培养人才需要付出的技术成本远大于招聘成本，培养使用的技术越多，人才流失就越大。而民营企业所采用的招聘方式往往为简单招聘，在面谈时的问题也往往较为简单，所以与录用的技术人才没有很大的区别。

民营企业的主要缺点之一是社会地位较低并且资源较少，在企业招聘过程中对人员的吸引力不足。面对如此状况，最简便的解决办法便是在企业中培训大量人员。虽然许多民营企业家和公司高层都认为要十分重视对员工的培训工作，但通过实地调研的有关统计资料表明，90%以上的民营企业并没有形成系统的培训制度，其中，有大约40%的民营企业在培训方面设置有专业的训练机构，大约10%的民营企业设有专业的培训设施和教室，有60%的民营企业在年度计划中包括了培训规划。但是，根据调查资料可知，大部分民营企业的培训计划都没有实现，这涉及多方面的因素：其一，民营企业投入培训的计划经费有限，缺乏具体培训支出计划；其二，由于培训费用的制定没有统一标准，缺乏具体的有关培训的支出计划，更多的民营企业选择在培训活动之前临时批准费用，企业高层领导也多是口头许诺，没有真正在内心深处意识到培训的重要意义，因此实施的成效并不好，企业员工培训计划只停留在最表层。

对企业来说，人才资源是企业经营最关键的产品因素，专业人员的素质直接影响着企业的经营管理和公司的运作，可以对企业的经营效益产生影响。良好的人力资源是任何一家公司都希望获得的，实际上，在人力资源领域中尽管劳动力规模很大，但专业对口的优秀人才相对很少。怎样吸引人力资源，怎样保护企业的人力资源，这个问题受到企业的关注，部分企业也注重发展人力资源，并通过培训和一定的方法获得收益。此类方式虽然通常要求企业在前期投入一定的经费、精力和资金，不过就长期而言，这些措施可以增强企业雇员的个人素质，增加人力资本的价值水平，从而带动企业竞争力的增强。但是，这些培训方法都具有一定弊端，如方式简单、措施欠缺、管理方式不恰当、未开展系统培训研究工作和没有统一的培训体系等，种种原因都使企业职工普遍对培训活动没有兴趣，因此培训的整体成效和企业期望效益之间往往存在着很大的偏离。这也可能有几方面原因的干扰：其一，由于企业所配置的培训人员本身的专业知识水平和实践经验都有限，制定的培训活动计划科学性和合理性都有待进一步提高；其二，由于企业给予的培训投入有限，在培训活动中往往有企业为了节省成本而减少对培训的要求，从而降低了培训的有效性；其三，企业培训活动主要依靠培训教师的口头授课，教师能力受限，且缺乏系统科学的教材，没有统一的培训体系，因此培训效率也很低下；其四，企业的培训过程是一项自主的过程，没有和自身的培养所挂钩，在这个前提下，部分企业不愿付出太多的钱与资源，无法在学习中提升自身的素质。种种情况都影响了企业培训的预期，未能真正实现培训的效果。

5. 重管理轻激励

从字面意思分析，人才激励机制的基本含义是激发鼓励，也就是通过满足职工的需要尽可能地调整职工的主体积极作用，以便于让职工尽可能地激发其创造力和能动性，从而达到企业发展的总体目标和长期发展。但伴随经济社会的发展，更多的中小企业意识到了职工积极作用的重要作用，而怎样激发职工热情成为中小企业壮大过程中的一项关键，中小企业若希望取得更长期的发展，就需要保持中小企业的创造力和核心竞争力，而上述因素都离不开人才培养，唯有培养人才，引进人才，中小企业才可以取得更长期的发展。但是在当前企业的壮大过程中，人才资源管理工作方面还是出现着一定的社会问题，尤其是民营企业，没有系统的人员管理机制也会影响人才激励机制的建立。民营企业尽管给人员创造了一定的发挥平台，但对如何管理企业人才没有系统的计划，人员的职位生涯导向也没有能够和民营企业密切衔接，使人才发展缺乏了一定的保障，也无法调动企业职工进行晋职的积极作用。而这些状况也往往会造成企业人才的大批丧失，尤其是高层次人才、优秀人才的缺乏，对所有民营企业职工来说都是一个损失。

当前许多民营企业十分重视人才培养，并采取高薪和多种物质奖励招揽人才进入民营企业。但是，人力资源的培养也不仅意味着经济与物质的激励，其他的激励手段也一样重要，即公司能够利用人才榜样的建立和培养的手段达到留住人才的目标，从而增强公司的向心力，保持公司的核心竞争力。

6. 薪酬设置不合理

在民营企业中，一般采取底薪加提成和底薪加奖励的形式作为对职工的待遇，虽然底薪通常是固定的，不过提成和奖励形式可以视职工的具体情况而变化，有很大的灵活性和适用性，所以这个形式对普通职工来说较为合适，能满足企业建设的初期发展需求。而随着企业的逐步成长，也将吸纳越来越多的新人员，但对一些高技术人才来说，很显然，以底薪加提成的形式无法适应员工对待遇的长期需求。这样的薪资结构和公司的成长步伐不相符，企业必须按照实际状况对工资分配制度做出改变，即把一部分的股权用作核心人才的报酬，改善企业人员的工作条件，改善企业的社会福利措施，给予企业员工更合理的休闲度假时间。

就民营企业而言，在薪酬管理工作中主要面临以下几方面的问题。

第一，缺乏科学合理的薪酬设计安排。在民营企业中，职工的待遇水平通常是根据企业高层的工作意愿来确定的，但企业高层在决策时往往不开展工资市场研究，而只是单纯考察市场总体工资情况，从而更多从企业本身的经营效益考虑，而不是从职工的切身利益考虑。此外，企业经营管理者也会通过选择公司各个层级的领导职位，排列出人员的工作层次，并按照人员的工作层次制定了工资等级，但这样的工资体系无疑地会影响下层人员的工作积极性。

第二，在工资分配上缺乏适当的分配制度。大多数的民营企业并不具备科学有效的工资管理体系，而是通过董事长依据自身工作能力和招工过程中双方所约定的薪酬标准进行约定，行为随意性很强，极易造成企业的工资标准的紊乱，特别是同工不同酬的现象，更易削弱职员的工作主动性，让职工们觉得地位不平等，更容易导致职工的利益损失。

第三，政府薪酬使用上缺乏公开性和透明度。多数的民营企业采取背对背方式，这种模式下他们不了解别人的工资，出于好奇，部分人员会向别人打听工资，会引起职工内部的怀疑，不利于建立企业的管理员工能力。当员工知道自身工资和同行间工资的差异后，发现自身的工资偏低，也容易引起不满的心态，从而削弱员工的主动性。

7. 缺乏企业文化建设

张维迎博士提出一种说法，真实的民营企业的经营者应该是和投资者不存在血缘关系的，只是在投资者信赖他方，愿意把自己的资产交由非亲属掌管的，这种企业可以实现真正的民营。但是，实践证明国内大部分的民营企业有着强烈的家族色彩，其经营管理者看似注重人才培养，并支持人才发展，事实上，许多经营者只信任和自身有血缘关系的人，对人才的忠诚也保持某种怀疑心态。大部分民营企业都在管理中着重强调人才的忠诚度，期望人才一心一意为企业发展出力，从而促进企业的稳健发展。

在当前社会中，由于互联网技术与科学的发展让信息得以快速传播，企业经营者更需要在许多方面理解员工的忠诚度，而不是仅仅从企业效益上来考量，因为员工的忠诚度需要有合理适当的报酬，而一味地高喊口号行为只会引起员工的反感。不同于过去，企业职工普遍素养的提升意味着企业"愚化"员工的措施难以实现，员工有自身的价值，也需要不断发展和进步，企业只有放弃"愚化"职工的念头，并满足职工的合理要求，才可以真正实现企业的发展。

一些民营企业忽略了"以人为本"的经营理念内涵，或者只是片面地强调企业职工的参与和集体利益的实现，注重企业发展却忽略了企业文化的建立，或者说与民营企业形成的企业文化距离太久远了，企业文化没有与时代和社会发展的要求相符合，造成了企业发展的僵化和严重偏离了经济社会发展的正常轨迹，这些问题都阻碍着民营企业的发展进步。而通过调研统计，目前仅有近20%的经营者关注文化建设，并认为其与企业核心竞争力有关，但近80%的经营者却认为企业核心竞争力与公司的战略决策水平、经营管理运作水平、产品设计水平等方面都有关系。多数的民营企业经营者关注文化产业建设，可是极少的经营者清楚应该从哪里开始进行文化建设，或者说文化事业应该由什么机构负责。

三、民营企业改进和提升人力资源管理工作水平的措施

（一）科学制订人力资源战略规划

在市场竞争中，企业的竞争优势大多来自于人才。所以，国内民营企业应该以人力资本的经营理念为指导基础，结合企业长期经营和当前管理现状进行人力资源规划的制定。

在上述计划制定的具体流程中，存在几个必须重视的地方：其一，基于完善化人才战略体系的建立，要立足于宏观视角，从企业内各个职位的基本信息和运作实况出发，确定每一职位的实际要求。其二，基于企业发展能够与员工沟通获取更多的参考资讯，企业需要投入到员工的职业规划中，确保员工具备良好的工作状态，对其进行指导与帮助。

（二）推行职业化的管理

对家族式管理方式来说，它的确能够通过对委托代理规避来减少整个公司的管理成本，管理方法的质量也的确很好，对于公司在创建初期的资金不足等问题，可以有所改善，但是这种好处往往也是短时式的。因此，如果企业要有长期经营，这种模式就具有过多限制，不利于企业大局面的形成。但是，这种情况在职业经理人管理这一模式上是不存在的。由于职业经理人对知识能力的丰富储备，从而确保公司的规模化管理。管理人员加入公司，本身也就意味着在企业中获得的身份权力，直接挂钩着能力水平和社会贡献指数，所以，他们也希望得到更多时间，直接参与到企业的重大管理之中，也愿意对自己进行潜力的发掘，给企业带来了更大的价值。因此对企业长期经营来说，职业经理人模式的导入具有非同一般的重大价值。而这种对企业模式的变革，实际上是企业领导团队内部由"人治"向"法治（非人治）"的过渡。

鉴于当前国内民营企业还处在早期发展阶段，决定了完善化的企业管理制度、带有政府监管性质的现代企业管理制度的建立，是中国职业经理人工作的首要任务。从当前实际可见，在民营企业所有权力与企业经营管理权的顺利剥离上，企业专职管理人员这一机制的推出，有着很重要的推进性意义。当前民营企业要使面临的人力资源管理问题得到有效缓解，就需要逐步走出传统家族管理模式的束缚。

（三）构建科学合理的人员录用与培训机制

针对人力资源管理实际中所出现的各种情况，科学化的人力资源评估系统也有着良好的解决效果。其中，对企业的招聘工作来说，通过人员的测试，能够包含专长、素质、兴趣等内容的各方面，实现对应聘者的充分化认识，以便做出针对性的职位设置，避免职位设置不合理所造成的人员的浪费与工作无效。这样才能够挖掘到最佳的人才。

企业对员工素质的提高的切入点是培训教育。以往的谆谆教导告诫人们"行为全由思想决定"，所以民营企业事先要有一种正确的认识，在思维的层次上对训练进行充分的关注，尤其是教育管理者要发挥带头效应，培训教育才能够迎来良好的成果。此外，也要在管理方法上和教学内容上，更加注重训练教育的灵活性和丰富性。

关于对培训教学，很多民营企业都认为只要讲课听，讲课的人听着、听讲的人听完就可以了。但这种为达成目标而进行的学习方法，收效通常不好，不仅使公司白花了金钱，职工们也不能获得真正的知识。其实，低成本高回报的教育也不能没有，如果教育内容能够涵盖到经营、管理、知识、技术、能力等内容的方方面面，注重内容的丰富多样性，可以获得到不错的成效。最后必须强调的是，还需要构建学习反馈系统。

通过培训成绩的高效化，要求进一步对考试项目的组织能力进行提高。因此，民营企业应在思想上转变对培训仅仅是一次消费的认识，将其作为高回报的重要投入工作加以重视对待。之后根据公司现状及经营计划，进行科学系统的培训计划的制定。

（四）建立合理的薪酬体系

薪酬从一定程度上代表了员工的价值。一般而言，高薪的激励作用非常大，会同时给员工带来心理和物质上的满足。薪酬体系通常是由多个薪酬单元所构成，其中的薪酬单元通常又可分成固定薪酬（基础薪资等）、浮动薪酬（业绩薪资、奖励等）以及奖励和补助三种。作为人力资源管理专业的一个新词汇，劳动报酬理论既要自成体系，也要和企业绩效考核体系相结合。当前在企业经营和管理专业界，许多研究人员关于企业怎样做好管理劳动报酬的工作，都进行了对薪酬理论的研究探索。他们还对薪资体系进行了内部与外部之分。其中，来源于外界的回报大致包括：正常劳动报酬、绩效奖金、补贴、期权和社会保险、带薪休假、其余（午餐、体检），内在报酬很大程度上受到公司主管的关注和其他部门人员的认可，非金钱回报则包括令人满意的人员硬件环境、令人满意的任务分配、令人满意的工作时间安排等。

在具体的薪酬管理工作上，民营企业要想成功地避免问题，需要根据自身的实际，加强先进经营思想和构建科学化管理制度。但这主要取决于公司的经营管理者，对包含概念、技术、策略、制度、生产技术、先进经验等方面的各种薪酬理论的全面掌握，以确保公司薪酬的制定民主科学，整个流程中有协调、有咨询、有反馈，以此实现最合适公司实际情况的薪酬体系的建立，最后达到公司薪资制度的科学与合理。

对于参加公司管理的高层经营人员，还必须依据其承担的工作任务、所带来的工作绩效和风险等因素进行工资的确定，并注意与一般员工薪酬的差异必须保持在适当的幅度之内。此外，公司还必须建立以能力与职业性质为主导的工资体系。对于一些较一般的员工，则应以所在职业性质为重点，实施相应的工资设计，实现以薪酬为主体价值的差异化工资制度的建立。也唯有这样，员工才能在得到企业高额薪酬的同时，其他人才也能感受到获得了企业的公平对待。公平报酬体系是科学化工资管理制度建立的必要基础，但是工资体系是否真正做到公平，取决于工资分配的透明化，和有关资讯的有效传递，因此管理人员必须发挥作用，确保他们第一时间了解自己的工资明细，防止由于猜测而导致消极工作的情况。

第四节 人力资源柔性管理

一、人力资源柔性管理的理论基础

（一）柔性组织理论

1. 柔性组织的内涵与性质

柔性组织也称柔性公司、柔性企业，有多种内涵界定，有广义与狭义之分。广义的柔性组织是就组织整体而言，指可适应高度复杂和动态环境，能够有效地创造机会、高效地利用内外部资源，灵活弹性地改变战略重点并坚持特定战略方向的有机组织形式。柔性组织通常具有一些外显的典型特征：扁平化的组织结构、分散决策、对模糊性的容忍、对员工授权、较强的企业再生能力和自组织单位等。

狭义的柔性组织是就组织的某项特定职能与结构特征及其变化而言。例如，早期有学者从人力资源配置的角度探究柔性组织，主要代表人物包括英国的汉迪和阿特金森。他们认为，通过变化人力资源的规模、结构或者配置方式，可促成组织柔性化进程或构建更加柔性的企业。

2. 柔性组织的理论形成

最早的柔性组织概念或理论模型可追溯到汉迪提出的"三叶草组织"构想和阿特金森提出的"灵活组织的人力资源战略"，尽管两位学者关注的角度有所差别，但展现的柔性组织原型有异曲同工之处。此后，柔性组织理论研究进入了相对停滞的阶段。虽然一些学者的相关研究都暗含着对柔性组织的理念和思考，但并未明确指出或将其作为独立的研究议题。20世纪末荷兰学者傅博达对柔性组织创建的系统研究，将柔性组织理论向前推进了一大步。

（1）汉迪的三叶草组织。由三类工作者组成：核心人员、外包人员和弹性人员。其中后两种被称为：拥有独特的顾客和项目组合的组合式工作者。

第一片叶子是核心人员或专业核心员工，由资深专家、技术人员和管理人员组成。他们中大多受过良好的专业化培训，对组织是不可或缺的，因此会用高薪和额外福利等激励手段保留住这些员工，并期望他们为组织长期努力工作、履行义务、高度忠诚。

第二片叶子由外包人员或与企业存在契约关系的个人或组织构成。组织中将一些非核心的或边缘性的工作承包给能够做得更出色或者能以更低的成本做得更好的外包人员来做。越来越多的企业通过组织网络的建构，已经成为20/80型组织，即80%的价值是通过组织外部人员或外包形式实现的，只有20%的价值是由内部员工生产的。汉迪观察到一些日本的出口企业，长期以来依靠大量的外包实现高效率，而所谓的适时制生产方式，实则为分包商要承担库存成本和担负生产延迟的责任，还要替承包商转嫁不确定性风险。与之相伴的，在日本企业中实施的终身雇佣制员工，实际上在一些企业中只占其员工总数的20%。

第三片叶子代表的是弹性或灵活性的劳动力部分，主要包括自我雇佣者或独立签约者、兼职人员、临时性员工等，他们中有一些被视为拥有独特的顾客组合和项目组合的组合式工作者。企业对这类劳动力的使用是为了应对市场需求的波动，以更快捷的速度和更低的成本来满足多样化的消费者需求。

基于此，三叶草组织可认为是较早的、从企业的视角提出的柔性组织的设想和实践途径。

（2）阿特金森的柔性组织模型。阿特金森针对当时英国等欧洲国家的劳动力市场刚性状态提出了著名的柔性组织模型，主要是从资源柔性配置的视角将人员做出类别和价值区分。柔性组织模型也称核心—边缘模型，在这个模式中，阿特金森认为组织的人才结构包括了三个阶段。其中，居于中心的关键人才，由管理者、设计人才和技术人员构成，是指拥有企业专属知识的、处于公司关键岗位中的任职者，属于公司重要人才，并由公司内置化管理并永久持有。为了让员工掌握多元化知识、承担不同的责任和角色，公司必须不断对员工进行人力资源投入、职业生涯培训并保持其对企业的忠诚度。中间层指不掌握公司特定知识或担任不重要职务的外围或边缘员工，作为公司经营性人才的管理控制人，与公司通过交易型合同形成间接或外部式的员工联系，对他们也可给予相对较低的待遇与福利。其中，中间层通常由两种员工构成：第一外围层是非全时的、拥有某种特殊能力的人员，企业通常不提供技术培训和项目支持，也不希望员工能够在企业内部实现水平或垂直流动;第二外围层通常为企业契约人员，该阶层主要为企业创造了柔性。这个阶段人员在企业内部的关系相对松散，属于正式或被聘用的人员。最外层是指利用商务契约关系和企业内部产生关联的员工，以及由于服务外包、分包业务所使用的人员外包、分包、临时服务中介人员和自雇佣者。该类员工属于企业外聘员工，一般采用商业或服务合同向企业提供劳动服务，不产生直接的聘用合同。公司还把部分次要的或内部没有相关知识的项目交给外部员工，以便达到人才的数量柔性。

阿特金森的柔性组织模型是建立在这样的理论假设之上。为保证组织的竞争优势，对那些具有不易外获的组织专属性技能的核心员工，应采取内部化管理方式，并关注该类员工队伍多技能的培养和开发，即创造企业的技能柔性；对那些具有通用性技能的边缘性员工，企业可凭借与其的各种契约形式实施柔性配置，以缓冲市场波动，降低用工成本。两种策略的结合，可以达到通过外部人员的变动增加组织人力资源的冗余性，并形成一种保护或缓冲机制，保护核心员工或内部劳动力市场的雇佣安全和稳定。

阿特金森的柔性组织模型有如下贡献：一是，首次提出了数量柔性与功能柔性等相互独立又互相关联的概念；二是，关注到劳动力数量柔性与功能柔性的替代或互补关系；三是，倡导分割式的雇佣与人力资源管理实践。这一模型认为核心人员的使用能够保证组织的功能柔性，而外围和边缘人员的使用能够确保组织获得数量柔性。应该说，阿特金森的柔性组织理论比汉迪的三叶草组织更聚焦于通过雇佣契约形式和人力资源配置模式的改变，达到降低人力成本、追求劳动生产率、聚焦企业能力的目标，也最早设计了基于人力资源战略配置和管理效能的柔性组织框架。

3. 柔性组织及其理论创建

荷兰学者傅博达通过系统观察提出，大企业容易被保守和稳定所束缚；小企业又容易陷入结构松散、缺乏战略和文化之中；若两者相互汲取精华、有机结合，创建一种有利于提高创造力和创新速度的同时，也能保持协调、专注和控制的组织，即理想的柔性组织或柔性企业。换言之，傅博达认为柔性组织的形成或创建，就是在复杂动荡的外部环境或超竞争环境中，为了保持和获取竞争优势，协调变革和保守之间的矛盾，促使企业在柔性悖论中发展、演进或再生的战略选择过程。

借鉴多种理论，傅博达基于柔性悖论提出了三个假说：第一，柔性必须符合环境的动荡程度；第二，为了充分的激活柔性，组织条件的设计应具有适宜性，必须为柔性提供潜能；第三，变革和保守两者之间的关系必须持续地和环境动荡程度相适应。在上述基本假说的基础上，傅博达进一步提出了应对柔性悖论的三种组织形式：低度竞争环境下，采用刚性组织形式，拥有有限的柔性或稳态柔性（能力）；中度竞争环境下，采用计划组织形式，拥有以运营柔性为主导的综合柔性（能力）；高度或超竞争环境下，采用柔性组织形式，拥有以结构柔性和战略柔性为主导的柔性组合能力。

相对而言，傅博达的柔性组织理论较之前人的进步之处：一是对柔性组织理论做了更为全面和系统的阐述；二是将柔性组织创建纳入系统的战略演变过程；三是对传统的大型企业面对日益动荡的外部环境和内部条件变化，如何通过自身反省和自我变革能力的提升，实现自我复兴和柔性组织创建之路做了更为完整的理论诠释。

（二）适配视角的战略人力资源管理理论（SHRM）

1. 战略人力资源管理理论（SHRM）研究的关注点

20世纪90年代前后，企业外部环境变化使组织间的竞争变得更加激烈。在西方战略管理思想的推动下，以职能导向的人力资源管理开始向以战略为导向的人力资源管理模式演化，人力资源管理的战略价值及地位和角色的转变问题更受关注。正如乌尔里希所指出的，人力资源管理的角色能够划分为战略伙伴、变革代理人、员工代言人和行政管理专家四种，只有当人力资源管理在组织中充当起战略伙伴和变革代理人角色时，人力资源管理的性质才是战略性的。

与战略角色实施相呼应的是，人力资源角色实施及体系构建问题。显然，人力资源管理不能禁锢于应对简单行政职能而采取碎片化的措施，而应转变为由多个人力资源实践捆绑而成的系统，既体现自身各职能的内部一致性和协调性，又与战略、环境等因素相匹配，从而充分发挥人力资源管理对于战略的支持和驱动作用。

2. SHRM研究视角的演变

战略人力资源管理的研究兴起于20世纪80～90年代，其研究视角经历了由普适观到权变观，再到形态观的更迭。

（1）普适观的SHRM。普适观是战略人力资源管理研究中传统和简单的方法，其基本假设是人力资源实践与组织绩效之间存在线性关系认为不论何种行业、采用何种竞争战略的企业，只要实施了最佳的人力资源管理实践，就能带来更好的组织绩效。

对普适观的SHRM研究存在如下质疑：这种探索仅考虑了人力资源实践与组织绩效之间的简单线性关系，忽视了一些外部变量对人力资源管理与组织绩效之间关系的影响；忽略了组织情境因素的差异，将所有组织同质化，容易导致"不同的组织绩效仅与某项人力资源实践的实施与否相关，与组织差异性无关"的研究误区；仅孤立考虑单一人力资源实践与组织产出之间的关系，无视人力资源实践或人力资源捆绑，即各管理环节间的互补作用和综合效应。

（2）权变观的SHRM研究。权变观的战略人力资源管理研究开发了人力资源管理与组织绩效之间的交互关系模型，强调自变量与因变量的关系主要取决于第三个变量，即权变变量或情境变量的影响。具体而言，该视角研究认为，人力资源实践对企业绩效的作用受到多因素的影响，既包括组织内部因素，也包括组织外部因素；只有当人力资源管理活动与组织战略、组织结构、组织文化、企业特征及多种外部情境等因素保持匹配时，才能对组织绩效起到正向影响。

尽管基于权变观的SHRM研究更贴近企业现实，也更具有实践价值，但仍未深入到对人力资源管理系统内在结构的剖析，忽视了多元雇佣背景下，不同类型的人力资源实践及其组合特征。在一定意义上可以认为，权变视角仅能解释人力资源管理系统的表层变化，而非深层次的结构性变化。

（3）形态观的SHRM研究。形态观基于系统性的思维，认为系统中每一个要素都是该系统的有机组成部分，各要素在系统运行中相互发生作用，并使各自的性质和功能得到体现。只有在合理的系统结构型态中，整体协同功能才能大于其部分的相加总和。否则，整体功能受到"内耗"或生成负协同效应，则小于其部分相加的总和。因此，形态观强调多变量之间的和谐组合，强调变量之间的殊途同归效应，特别是同一组织（系统）内部不同要素之间的差异化组合形态的相互关联和协同作用，可以达到理想的组织绩效。

基于形态观的战略人力资源管理体系所体现的多重匹配关系，强调了两个特征：其一，通过人力资源管理活动之间的相互补充和支持形成有效的人力资源系统形态，以实现最大化的横向匹配效应。美达菲提出，客观存在的"组织逻辑"使得系统内各要素趋向一致性目标，达到互补效应。各人力资源实践行为间的有效组合（构型）能够对组织生产率产生更加积极的影响。同理，组合形态的影响大于组合内单个人力资源实践独立影响的总和。其二，只有同时达成多重适配，即内部匹配（横向匹配和纵向匹配）和外部匹配关系时，特定组织系统才能有效运行并获得优秀的组织绩效。

综上所述，三种理论视角都认同人力资源管理活动对改善或提升组织绩效具有重要作用，也致力于揭示两者之间的"黑箱"，即寻找运行过程的中介要素和中介效应。然而三种理论视角各有侧重，体现了SHRM研究哲学的演进过程：普适观聚焦于最佳人力资源实践环节的单一或孤立的有效性，简化了人力资源实践之间的相互作用，忽略了管理的系统性。权变观强调了人力资源管理与组织绩效间的关系受到外部因素变化的影响，但大多强调纵向匹配（人力资源活动与组织其他要素的匹配）和外部匹配（与外部环境的匹配），忽视了人力资源管理内部要素的异质性及要素间的互补作用。形态观既关注人力资源实践的组合或捆绑形态，也关注各种形态之间如何形成结构化的有机系统或模式，强调非同质性人力资源管理实践之间的协同效应。

3. **战略适配性与SHRM研究命题的演进**

如果说战略价值或组织的绩效表现是SHRM的关键目标和检验标准，那么在一定意义上说，战略适配性应是战略人力资源管理研究的核心命题之一，学术界对其的关注也经历了几次大的演变：一是，由静态匹配演变为动态匹配；二是，由关注外部匹配或情境匹配，转向内部（横向与纵向）匹配，进而演变为多重的系统匹配；三是，由割裂地探索适配性和柔性机制，发展为进行两者的整合性研究。

（1）静态匹配与动态匹配。战略人力资源管理的早期研究已引入匹配视角，但侧重静态考察，以时间为标识，认为在特定阶段内，外部环境是相对静态和稳定的。换言之，静态匹配显示了特定要素的需求、目标、结构等与其他要素的需求、目标、结构等在某特定时间点上的一致性程度。

为突出外部环境瞬息万变的特点，动态匹配的概念被引入战略管理领域，并作为对传统适配性研究视角的补充，认为组织及内部关键要素需要与外部环境保持及时和动态的匹配，随环境变化而变，通过不断获取即时性竞争优势来维系企业难以被替代的可持续竞争优势。

（2）多重的系统匹配。麦尔斯和斯诺等指出，组织内的各组成部分之间存在密切关系，同时组织也需要与环境要素之间进行更多的互动，外部匹配和内部匹配原则适用于组织的任一运行和管理系统。就人力资源系统而言，外部匹配不仅指与人力资源管理的外部市场、制度环境相匹配，如外部劳动力市场、相关的法律与政策等，也与企业特定发展阶段的外部情境或环境相匹配。各系统和各要素之间要相互融合，互为补充，达成差异化与整合化的平衡。

在SHRM研究中，为了凸显其战略地位和功能，内部匹配进一步细分为纵向匹配与横向匹配。前者指人力资源管理必须与企业战略、组织结构、经营业务等相配合，进而影响组织绩效；后者强调人力资源管理内部的各职能环节之间体现一致性，形成相互补充、互相支持的系统。

目前，越来越多的学者开始认同多重的系统匹配关系，而非单一的刚性匹配，才能够帮助企业更好地应对不确定性增大的外部环境。

（3）战略适配性与柔性的整合。学术界对适配性与柔性之间的关系存在不同观点：有观点认为，适配性与柔性负向相关，不能共存于组织内部；也有观点认为适配性与柔性两者相互独立，不存在相互作用或共同影响；但更多的学者从互补性观点出发，认为适配性和柔性对于战略管理和组织有效性均具有关键性作用，它们是从不同角度帮助组织适应外部环境的变革，两者之间应该相容与整合。

理论上讲，适配性与柔性的差异在于：适配性关注人力资源要素内部及与组织其他要素之间的界面关系和协调能力，而柔性更强调人力资源或员工队伍具备的多样性、易变性和可塑性能力。前者在组织要素关系中，更强调强匹配或被动匹配的逻辑；后者强调组织某一特定角色或职能系统通过自组织或自运行能力去适应其他要素或系统的能力，可视为一种松散、有伸张力。只有两者达到平衡与整合，才意味着与系统内部和外部实现了动态匹配与可持续匹配。赖特和斯奈尔指出，可将适配性和柔性囊括于统一的战略人力资源管理框架之下：当外部环境越来越趋于动荡和竞争，柔性可以促进持续和动态适配性的实现；同时，持续和动态的适配性也为战略柔性的建立和存续奠定了基础。

据此可以认为，形态观与适配观有着内在关联和效率达成逻辑。单独的人力资源实践和单一的职能体系都不能独自影响组织绩效，人力资源系统内外的要素捆绑或契合匹配，方能产生协同效应。而这种关系连接的纽带则是组织的战略需求。换言之，以战略适配性为切入点，可深入剖析兼具动态、多重、与柔性互补的战略人力资源实践系统在柔性组织创建过程中所扮演的角色与起到的作用。

（三）资源基础理论与动态能力理论

资源基础理论是早期战略人力资源管理的核心理论，该理论将组织资源作为获取和维持企业竞争优势的主要来源，拓展战略管理研究。然而，以静态为特征的资源基础理论，难以解释当前日趋复杂和不确定环境下的企业实践，并逐步被动态能力理论所取代。换言之，动态能力逐渐成为企业更为深层和潜在的特质，是当代企业更具可持续性的战略竞争源泉。

1. **资源基础理论**

20世纪80年代中期，企业资源理论（RBV）逐步形成了战略人力资源管理的核心理论，该学说指出不同组织的业绩不同程度是由企业所具备的物力资源和各种资源的异质性决定的，从企业资源特性的视角阐述了组织核心竞争能力和持久竞争优势的主要来源。企业资源基础观使对公司成功的重视从机构外部转向了组织内部。人们通常认为，战略公司资源即机构所具备并能使用的重要因素，可分为三种：物质资源、人力资源和社会组织资源。这里，物质资源即有形的各种资源，包含机器、设施、工厂设备等；社会组织资源包含领导机构的工作报告体系、计划协调制度等；人力资源则包含职工的学识、才能、技能、经验和洞察力等。

根据资源理论，只有在符合价值特性、稀缺性、不易模拟式和不易替代作用四种特质时，方可称为组织的核心资源或企业持续竞争优势的基石。巴尼和赖特还就企业人力资源角色以及在企业组织内竞争优势取得中的角色展开了专业讨论，并给出了VRIO框架（价值value、稀缺性rarity、无法模仿性inimitability、组织organization），这里的O特指企业人力资源管理实践中所存在的低组织性特征，其可在企业获取持续竞争优势中扮演战略伙伴的角色。巴尼等人还进一步认为，当公司将发展战略构建于具备路径可靠性、结果模糊性、社会复杂度等的无形资源基石上，才可以取得良好的组织业绩。正由于人力资本及其管理方式具有价值、资源稀缺、无法模仿与组织化，以及路径依赖性、因果模糊性和社会复杂性等特性，所以被认为是企业的关键性战略资源。

资源基础观的提出为战略人力资源管理提供了理论基础和实践依据。一是，将个人所拥有的知识、技能、能力等与组织资源的配置结合，提出了组织人力资本池的构建问题；二是，关注对人力资源管理行为的战略特征变化；三是，注重组织人力资源实践的系统性问题，即赖特和麦克马汉等人所指出的，由于单独的人力资源管理实践很容易被复制，无法成为战略资产，而人力资源实践捆绑或人力资源实践系统因具有不易模仿、不易替代的组织化特性，对构成组织竞争优势具有极大的潜力。

2. **动态能力理论**

尽管资源基础理论能够较好地诠释如何通过异质性的资源或能力来创造企业的竞争优势，但该理论暗含着这样的逻辑。组织的核心资源只能在特定时刻或特定情境下为企业获取竞争优势，但当条件和环境变化时，则竞争优势不能持续有效，甚至有可能导致企业陷入竞争优势陷阱。因此，随着资源基础理论的发展，战略资源不仅聚焦于资源本身，也囊括了组织能力，认为其是指企业配置、整合资源的能力，后者逐步演变为动态能力理论。

蒂斯、皮萨诺和肖恩提出了以追求迅速资源整合来获得动态环境下企业竞争优势的动态能力理论（DCV）。动态能力理论强调将能力与资源有效区分。资源是静态的，能力是动态的，后者为使用和配置前者的能力，尤其是整合、重构、获取和放弃资源的过程中具备的对复杂市场环境的适应性，也反映了组织在既定的路径依赖和市场位置的前提下，获取创新的竞争优势的形式。

组织动态能力的特质受环境变化的影响较大，例如，在稳定或动态不显著的市场中，动态能力与传统的常规性、稳定性、控制力相似，通过特定化、可分析和稳定化的过程，能够获得可预测的结果；而在高速变化的市场或超竞争环境中，会更强调灵活和动态，依靠整合、重新构型、获取和释放资源，以匹配或重塑市场的变化，以应对、攫取、管理威胁和挑战，获取瞬时竞争优势。因此，在不确定环境下，动态能力是构建或维持公司竞争优势的主要源泉。

相对于战略管理、市场营销、国际商务等领域，将动态能力理论应用于战略人力资源管理领域的研究尚不多见，但有将其作为中介变量的研究，意图解释人力资本、人力资源实践、人力资源管理（系统）等因素影响竞争优势和组织绩效提升的内在机制。如有学者以242家高科技企业数据为依据，检验发现企业的动态能力理论能够部分地解释中介人力资本对组织绩效的影响。王林、杨东涛和秦伟平等根据383家中国医疗器械生产企业的调查数据，分析了新兴市场企业的高绩效人力资源系统在新产品成功的过程中，动态能力的部分中介作用。

3. 小结与启示

综上所述，资源基础观关注企业内部，聚焦于企业的战略性、异质性资源组合，将具备价值性、稀缺性、不易模仿和替代或组织化特征的异质性资源组合、捆绑视为企业竞争优势的来源。但该理论存在过于侧重内部资源、忽略外部环境，以及静态的研究视角不能有效诠释快速变化的外部环境等缺陷。动态能力观（DCV）既关注企业的内部要素，也关注企业的外部环境，强调企业对外部环境的动态与适应能力与可持续性竞争优势之间的关联。因此该理论对于揭示当外部环境不确定性和复杂动态性增强时，企业如何根据自身的资源和能力禀赋来不断重构可持续性竞争优势的基础，有较强的解释力度。

基于此，本研究拟从RBV与DCV两大理论整合的视角出发，构筑本研究的核心理论框架。具体而言，以RBV的视角审视企业的具有独特性的人力资源或员工队伍，对其采用非同质化的方式进行组合配置和管理统筹，以深入挖掘组织人力资源实践组合及结构特征，检验其管理效果的异同性。与此同时，以DCV的视角解读人力资源柔性，将人力资源双元柔性能力视为组织的动态能力，揭示和检验其在人力资源实践组合与组织绩效中的中介效应。具体来说，本研究将以两大理论为依据，遵循"资源组合—动态能力—组织绩效"的逻辑链条，展开理论建构与实证检验工作。

二、人力资源管理实践系统的构型

（一）人力资源管理实践系统的内涵与特征

近些年对人力资源管理实践的研究较多，因其可解构性特征，被广泛用于实证模型中的前因变量，并被冠以多种称谓或替代范畴。如高绩效工作系统、最佳人力资源实践、高参与或高承诺人力资源系统、支持性或发展型人力资源实践、弹性工作系统、创新人力资源实践等。

而对这一概念的内涵和属性界定多样，尚未形成共识。例如，赖特等认为，人力资源实践系统是意图帮助组织达成目标和任务的特定的人力资源管理模式。普费弗和萨兰奇克认为，它是由一系列彼此之间存在叠加效应的，有助于提高企业绩效的人力资源管理实践或活动构成。人力资源实践系统是以系统性的视角，围绕组织战略形成互补协同关系的多项人力资源活动的组合。德莱瑞认为，其实质是在同一系统里彼此配合、强化，从而达到比人力资源单独实践更好效果的所有管理实践行为。韦恩等将其界定为：用于甄选、开发、保留与激励员工的一系列不同但又相关的人力资源实践，涵盖各管理职能，例如，人力资源分析与规划、招聘、甄选、培训、绩效评估和薪酬管理等。雷帕克等认为，与实践和政策相比，人力资源实践系统处于更高的层次，一方面由多重人力资源实践组合而成，另一方面体现了组织的政策倾向。张徽燕等指出，人力资源实践系统是由一系列相互补充、相互支持、相互依赖的人力资源管理实践组成，每一实践的效果都取决于与其他实践的匹配和契合程度。也有研究人员从柔性的视角进行诠释，认为人力资源实践系统是人力资源实践达成内部一致的集合，从而帮助企业快速和有效地部署、配置和不断获取人力资源柔性。

通过比较归纳可以发现，各观点有异曲同工之处，即人力资源实践系统存在如下典型特征：其一，强调人力资源实践与活动之间有效协调的组合、捆绑、整合，并非单一的人力资源措施。其二，凸显多重匹配的理念，人力资源管理内部各实践契合一致体现了横向匹配，与组织战略、组织结构等组织要素配合协同体现了纵向匹配；与外部环境适应互动体现了外部匹配。其三，人力资源实践系统形成的基础或引力在于战略目标的趋同，体现人力资源的效能最大化。

基于此，本研究将人力资源实践系统界定为：由具体的、一系列相互联系、互相依存的人力资源实践组合或捆绑而成的管理系统，通过追寻实践活动之间的协同效应，匹配和服务于组织战略，以达到更高的组织绩效或战略竞争优势。

（二）构型法及其在SHRM中的应用

1. 构型法及其应用特征

构型也叫形态、结构、配置等，本书认为，构型一词更贴近这一概念的内涵本质。所谓构型，即通过要素的结合形成具有某种特定结构的形态，或任何一系列多维的、不同概念特征的综合。它代表许多特定的或分散的变量集合在一起形成整体的意义，而不是彼此独立的表现。构型既可以是一种实践类型，也可以是一种理论，或是一种研究方法或着眼于整体性而非割裂的观察视角。其意图在于探索和厘清组织内部各要素和各部分之间互动，组合后的非线性的、多样性的、非稳定的、非均衡的、暂时性的复杂关系。

最早的构型理念源自韦伯提出的权威、权力划分，包括传统型、合法型、魅力型。随后，彭斯和斯托克识别出两种经典的组织结构类型：机械型和有机型。伍德沃德、劳伦斯、洛尔施、加尔布雷斯遵循相似的逻辑对组织结构归类。迈尔斯、斯诺、明茨伯格的战略和组织分类可视为构型研究的经典之作，前者厘清了典型的企业战略原型：分析者、防御者、反应者和探索者等；后者挖掘出理想的组织形态：简单型、机械科层型、专业科层型、事业部型和灵活型等。

构型法被应用于管理学的多领域研究，如战略管理、市场营销、战略人力资源管理等，它是基于系统论的思想，从整体视角出发，根据差异化的或彼此不相容的特征和属性，例如战略、结构、文化、技术、程序、实践等，将组织内部要素进行划分、归类，从而形成不同类型的结构、组合、形态的综合性分类方法。

构型法起源于两种类型的研究方法：实证性的分类学和概念性的类型学。分类学方法是运用实证推导，利用有关数据进行分类，重点在于探讨实际观察值的分类，依据定量的实际数据，运用统计方法（如聚类分析方法）对人力资源系统进行分类和聚合。迈尔斯和斯诺将人力资源系统分为购买和制造两种类型；贝克尔和休塞里德等采用聚类分析的方法区分出人事系统、契合系统、报酬系统以及高绩效系统四种类型；依奇尼奥威斯基、肖和普伦努希将人力资源系统区分为传统的人力资源系统、创新的人力资源系统和介于两者之间的人力资源系统。

　　类型学方法是凭借严谨的理论推理，找到理想的系统形态。构型法主要是依据类型学方法，通常利用几个维度对研究对象进行区分、组合，从而就某一主题对这些不同形态的现象组合进行比较性研究。如雷帕克和斯奈尔根据人力资源（员工群体）的价值性和稀缺性，将组织的人力资源管理模式划分为基于知识和基于工作、契约型和联盟型，对它们的战略特征差异及其绩效贡献进行分析与检验。

　　相对而言，分类学方法多采取聚类分析确定人力资源系统的类别比较，理论基础较为薄弱，且与样本情况和数据来源密切相关，导致分类结果直观且不稳定。类型学方法从理论出发较为严谨，但缺陷是实证检验难度大，相关研究大都局限于理论推演，并未进一步运用统计方法进行分析验证。两种方法并非对立关系，在研究中若将两者有机结合，先从概念或理论入手对系统形态进行分类，而后通过实证性方法进行再检验，能够兼有分析深度和更高的结果信度。

　　2. **构型法在组织内部的人力资源管理实践**

　　理论上讲，组织内部的资源并非同质的，对其进行的配置管理也是差异化的。近些年来，在劳动力市场与战略柔性的驱动下，汉迪的三叶草组织和阿特金森的柔性组织模式已由假说逐渐变为现实。企业内部的雇佣多元组合与差异化管理模式已成为常态，即越来越多的企业采用正式或长期雇佣与非正式或短期临时雇佣的混合模式。相对而言，前者更注重长期的、关系型的人力资源管理，后者更倾向于短期的、任务型的人力资源管理。德莱瑞和多蒂将它们分为内部发展型和市场型两种，前者的管理特征为：基于内部劳动力市场机制的人力资源战略，倾向于对员工进行投资和自行培养；后者的特征为：实施外部市场机制导向的人力资源战略，倾向于通过劳动力市场购买技能，并根据企业需求变化及时外获和更替人员。

　　多年来，一些学者试图应用构型法多视角地解析企业内部的雇佣与人员管理系统的机理及影响。例如，徐等人指出，组织内部实际上存在两种不同的员工—组织关系类型：基于工作的和基于组织的。前一种是构建双方有限的义务关系，即组织仅期望员工将注意力集中于非常明确的工作任务之上；后一种则意图建立双方较为长期的关系，希望员工自愿承担更宽范围的任务或与组织形成更深层次的承诺。徐等人根据巴纳德、西蒙和马奇提出的诱因—贡献框架，按照雇主与雇员之间的诱因和贡献是否平衡为标准，将雇佣关系划分为四种类型：准交易型、相互投资型、过度投资型、低投资型。

　　前文提及，雷帕克和斯奈尔根据人力资本的价值性和稀缺性特点，将人力资源实践构型归为四种形态：基于知识的模式、基于工作的模式、契约型模式、联盟型模式。

费尔堡、邓·哈托格和康普曼根据员工可雇佣能力的开发主体（个体—组织）、组织的人力资源政策（服从—承诺）两个维度，将人力资源管理实践划分为四个捆绑或组合：科层型、市场型、灵活型和专业型。

综上所述，组织间与组织内部的人力资源系统的类别研究，在切入视角和分析逻辑上有较大差异。前者多以企业的现实数据为基础，抽象或模糊处理企业特征和具体情境，凭借聚类等统计方法，对人力资源系统进行分类和聚合，从而提炼出人力资源管理模式间的差异。后者则主要采用类型学方法，根据理论推理，寻找细分维度，形成系统形态的组合归类。应该说，后一种研究与现实的人力资源管理趋势更为吻合。如曼图斯克和希尔、奎因和罗尔博研究显示，企业同时使用内部雇佣和外部雇佣，即混合雇佣模式，既能达到内部稳定性，又能产生外部适应性，故可实现较好的组织绩效。雷帕克、武库和斯奈尔指出，相对于基于工作型与联盟型混合的人力资源系统模式，基于知识型与契约型混合的人力资源系统模式更能达到优秀的组织绩效。

（三）基于竞值架构的人力资源管理实践构型

1. 人力资源管理实践系统与组织战略的匹配

组织战略有不同的内涵和层次：从内容来看，它是管理者为实现较高组织绩效而制定的详尽的决策和行动模型；从过程来看，它是对未来的一种洞察和适应行为或能力，体现随着内部条件和环境外部的变化，组织不断更新战略的需要。组织战略可以划分为公司层战略、业务层战略和职能层战略。公司层战略指组织在产品或市场领域的选择与资源的分配，是从组织整体视角来考虑；业务层战略，也称为竞争战略，指各业务部门制定与自身经营状况相符合的战略；职能层次战略，主要为运营层次战略，指特定业务单位内部各职能部门层次上的战略制定和实施。

人力资源管理或人力资源实践系统作为组织的重要职能体系，需要与组织战略紧密联系、密切契合，才能积极影响组织绩效。具体而言，组织战略对于人力资源管理具有指引和导向作用，人力资源管理必须支持和匹配组织战略。例如，迈尔斯和斯诺提出三种典型的企业战略，并据此推断出相应的七类人力资源系统类型。根据产品与市场的变动率，企业战略可被划分为三种战略：防御者战略、领先者战略、介于两者之间的分析者战略。与之对应，防御者战略的企业选择自制型人力资源系统，关注人力资源的稳定与自我培养；领先者战略的企业选择外获型人力资源系统，关注资源的外部获取和购买；分析者战略选择配置型人力资源系统，综合使用人力资源的自制和购买两种方式。

波特经典的成本领先、差异化、集中化的战略分类，对人力资源配置管理具有特殊的指导意义。实施成本领先战略的企业强调低成本生产、高效率的人力资源配置与管理；实施差异化战略的企业强调创新性和弹性的人力资源管理模式；集中战略结合了成本战略和差异化战略，其人力资源管理也兼具效率与创新、控制与弹性等特征。

舒勒和杰克逊划分出成本降低战略、质量提升战略、创新战略，并选取不同的人力资源战略匹配模式。具体而言，成本降低战略的人力资源管理（HRM）活动强调相对固定、明确的工作说明、短期及结果导向的绩效评估、较少的培训与开发；质量提升战略的HRM活动侧重个人及团队组合的绩效、短期及结果导向的绩效评估、稳定的工作保障、广泛持续的培训开发；创新战略的HRM活动则注重以团队为基础的长期导向的绩效评估、较为广泛的生涯发展和技能开发。

戴尔也提出了不同的组织战略类型以及相应的人力资源管理形态。一是，利诱战略指导下的人力资源管理需要严格控制人力成本，雇佣较多临时性人员，绩效偏重短期结果导向，企业与员工存在交易型关系。二是，投资战略指导下的人力资源管理，重视创新和成长，注重培养员工的创新能力和多样性技能，建立长期的组织—员工关系，绩效评估以长期、团队导向为主。三是，参与战略指导下的人力资源管理，强调授权，员工参与决策，运用工作丰富化、自我管理团队等方式提高员工的参与性、主动性和创新性。

2. 人力资源管理实践系统与组织结构的匹配

组织结构可简单表述为：特定组织中对工作角色的正式安排和对包括跨组织活动在内的工作进行管理和整合的一种机制。由科层制的刚性组织向扁平化的柔性组织演进是半个多世纪以来中外企业的共同趋向。彭斯和斯托克将组织结构以其柔性程度划分为有机式与机械式两种类型。前者倾向于纵向的职权层级链，集权严密且程序、规则和标准众多；后者则是低复杂性、低正规化和分权化的，更加灵活有弹性，能根据需要迅速地做出调整。海格首次提出了复杂化、规范化、集权化和层次化四个组织结构特征维度。萨特、米勒和道奇、罗伯特和戴维提出了集中化、正式化（规范化）、专业化的组织结构类型。程德俊将组织结构划分为横向协调和纵向控制两大类。前者通过专业化和规范化事项实现不同岗位和部门目标的一致，后者通过集权化和汇报系统实现不同层级员工之间目标的一致。齐旭高、齐二石和周斌在互联网情境下，关注到组织结构扁平化和柔性化的发展趋势，采用集权化、规范化、扁平化和柔性化代表组织结构基本形式。

组织结构的变化极大地影响了人力资源实践系统的结构和形态变化：以机械式和有机式组织结构分类为例，机械化组织结构的企业会采用层级化、正统化、明确专业和部门分工；有机式组织结构的企业注重跨职能小组、自主团队、跨部门沟通，与企业外部的供应商、客户等发展长期的合作联盟关系。

综上，组织战略、组织结构与人力资源管理、人力资源实践系统之间是一种相互依赖、彼此影响的关系，不同的企业战略、组织结构影响差异化的人力资源管理，三者之间配合能够形成合力，共同影响企业绩效。正如戴瓦纳、弗布鲁姆和蒂希提出的战略人力资源管理框架，阐述了外在环境要素（包括经济、政治、文化、技术等）变化，促使组织内部的战略、组织结构及人力资源管理系统的相应调整；并强调三者之间的协调整合，有赖于人力资源管理的策略应对，并表现为组织的适应性绩效。

3. 基于组织战略和组织结构的竞值架构模型

根据战略人力资源管理的适配观，在柔性组织创建过程中人力资源实践系统内部需要达成各独立的人力资源实践之间的融合与匹配，即达到内部一致性或横向匹配；也需要与组织战略、组织结构相匹配，即体现了战略人力资源管理的纵向匹配。为了揭示组织战略、结构适配下人力资源管理的运行机理，奎因和罗尔博提出了竞值架构模型，选取组织战略焦点和组织结构作为重要的维度划分标准，提出了人力资源管理系统的构型框架。

竞值架构（competing values framework，CVF）最早由奎因和罗尔博提出，随后广泛应用于组织与管理领域研究，是以兼容并蓄的思维为基础的一种理论框架。它综合彼此竞争与对立的组织理论，采取并排竞列的方式来处理它们的前提假设、理论模式与价值观，在单一架构中展现诸多不同的思维与理念。奎因和罗尔博在研究组织效能时发现，可将组织效能标准根据两个价值维度进行分类：一是有关组织战略焦点、关注点，从强调内部、微观、组织中人员的发展到外部、宏观、组织自身的发展：从内部视角看，企业是一个社会—技术系统，需要满足多种内部需求；从外部视角看，企业是为了完成任务、获取资源等目标而设计的工具，在变化的环境中需要构建整体竞争力。由此，可将企业分成外部导向型和内部导向型两种。二是关于组织结构，一些组织强调稳定性，突出结构、命令、权威和协调等特征；而另一些组织则强调创新性，突出变化、多样性、个人主动性和组织适应性等特征，由此可将企业分为稳定控制型和灵活变化型，并依据两维度划分出四类组织管理情境：内部稳定控制型、内部灵活变化型、外部稳定控制型和外部灵活变化型。奎因和罗尔博将这种囊括对立、竞争理念的分类、构型方法称为竞值架构模式。

帕纳龙托普鲁将奎因和罗尔博的竞值架构观点应用于战略人力资源管理研究：

将人力资源管理模式按照组织的战略焦点（内部开发—外部获取）和组织结构（严格控制—灵活自主）两个维度进行构型，产生了人际关系模式、开放系统模式、内部过程模式、理性目标模式四种战略类型。戚振江也沿用该思路，设计了人力资源组合策略框架，用纵轴表示员工的管理模式趋向于控制还是灵活，横轴表示组织的人力资源获取方式倾向内部开发还是外部获取，在此基础上提出了四种人力资源组合策略：承诺支持型、开放协作型、稳定规则型、效率目标型。

由此可见，遵循竞值架构的理念，选取组织战略和组织结构作为具体维度，进行人力资源实践系统的归类、组合及构型较为科学合理，能够透视人力资源管理内部的结构和形态，凸显人力资源管理的多重适配特征，以开启战略人力资源管理研究新的探索方向和思路。

第五节　机器人时代企业人力资源管理变革

一、机器人应用对企业人力资源管理的影响

近年来，许多企业都面临着用工荒、劳动力成本上升、产业升级等问题，这些问题严重影响与制约着企业的生存和发展。在工业自动化和智能化的升级道路上，工业机器人的使用似乎成为解决这些问题的有效手段，工业机器人成为制造业的一股热浪。在企业中使用机器人，可提高生产效率和产品质量，降低企业成本，易于安排生产计划，可缩短产品改型换代的周期，降低相应的设备投资，把工人从各种恶劣、危险的工作环境中"解救"出来，减少工人患职业病的概率。正是由于工业机器人的使用给企业尤其是劳动密集型企业的生产带来很大的优势，同时伴随着政府所提供的关于工业机器人的一些优惠政策，中国许多地方正在上演着机器换人的场景，无人工厂已成为可能。

机器换人带来的生产高效、次品率降低、人工费用减少等优势增强了制造企业的竞争力，机器换人趋势之猛，已成为一种常态。机器换人对企业的生产带来巨大冲击的同时，对企业的人力资源管理也将产生颠覆性的影响。人力资源管理的核心思想是通过招人、选人、育人、留人等手段与措施对人力资源进行合理开发与配置，以激发员工工作热情，挖掘潜能，提升员工的归属感，进而为企业带来更大收益。但是机器人取代了部分人类的工作，机器换人使人力资源管理的对象发生了改变，人力资源管理的对象不单是人，还有大量机器，人力资源管理内容除了员工与员工之间的协调配合外，还新增了协调工人与机器人之间的柔性配合，管理难度增

加，因此，机器人的大量投入使用，不仅会对人力资源管理产生积极影响，同时也将带来不小的挑战。

（一）积极影响

1. 降低企业生产及人力成本，提高生产效率

在企业的运行过程中，决策的做出与执行、设备的操作与维护、产品的设计与生产等都依靠人力才能进行，因此，企业必须承担一定的人力成本，不仅包括为员工支付薪酬和各种福利费用，还包括前期的招聘成本和培训成本、后期的离职成本等。近年来，人力成本不断攀升，2016年上半年英国牛津经济研究所的一份研究成果表明，目前中国的单位劳动力成本仅比美国低百分之四，中国单位劳动力成本的提高将大大高于生产效率的提高。按照美国经济学人智库（EIU）的研究报告，2020年中国大部分地区的制造业从业者的平均时薪达到25元/小时，江苏、浙江、广东达到35元/小时，北京和上海达到40元/小时。许多企业陷入了投入高、产出低的困境，高额的薪资报酬和培训费用，使企业的利润空间不断缩小，迫使企业缩减员工人数。

由于企业尤其是制造业企业招工难、用工难的问题越来越突出，当劳动力成本节节攀高，机器人替代人工就成了主流。在劳动密集型企业中，由于整体工作技能水平较低，工业机器人带给人力资源的更多是替代效应。大量使用工业机器人，让机器人从事一些机械化、重复性的操作工作，尤其是人无法或者不能完成的任务，把人从琐碎的工作或恶劣和危险的工作环境中"解救"出来，同时还可提升产量和品质，降低原材料消耗，进而提高企业利润。许多企业正在进行的机器换人，极大地保证了人的安全和生命健康。工业机器人的使用，的确能改善企业的人力资源管理模式，工业机器人产品按10年使用寿命折1日（含维护费用）每年成本约5万元，一般可负担3~5名工人的工作量，而一名熟练技能人员的年平均薪酬则为5万~7万元，若承担相同的工作量则需支付人员成本每年约20万元，将大大超过了工业机器人的成本。中国制造业就业的职工平均薪酬，已从2000年的8750元增长至2017年的64452元，平均增长率已达到了7倍，年均增长率超过12.49%。

如总公司设在中国浙江省绍兴市的三力士有限公司，在投资兴建"无人车间"后，每年的人工成本节约1000万元，占当年企业盈利的7%左右。格力公司在2011年启动了机器换人，2011年10万名员工创造收益800亿元，实施计划3年后，2014年8万名员工创造收益1400亿万元，真正实现减员增效。美的集团于2010年率先在其空调事业部各车间实施机器换人计划，2015年美的集团的员工93299人，比2014年减少14821人，而美的集团的净利润增加21%。中国重型汽车集团有限公司大量投

入并使用自动化机器人，在2005～2011年中卡车生产增长了275%，但固定人员数量仅增长了10%左右。又如，作为当时世界最大的电子代工厂的富士康有限公司，在个人计算机、手机、平板的制造数量上均排名全球首位，雇员总量也是巨大的。而在富士康有限公司众多就业岗位中，有不少职位的工种都属于较无技能含量的重复性动作。由于劳动力成本的上升，富士康也多次被迫增加底薪，人员成本压力也越来越大。目前富士康的某些制造岗位中约70%都由自动化机器人完成，比如，为增加iPhone生产，富士康在其组装厂房部署了自己研制的1万部Foxbot自动化机器人，在工作效率上，1个自动化机器人就可以取代3名以上员工，而且工作稳定性更高，产品损失较少。同时，自动化机器人生产成本也更低廉。富士康聘用的工人年工资约5万元，3名工人的年人力成本超过15万元，而一台工业机器人市价约12万元，使用寿命为3～4年，投入使用机器人的维护成本较低。通过测算可知，一年所节省的劳动力成本就可收回机器人成本。因此，富士康公司的一条生产线之前需要30名工人，如今仅需保留5名即可。此外，机器人还可昼夜不停工作，而且像苹果公司这类大客户，订单数量大，订制化标准高，例如，要求某些微细螺丝的规格精确到0.01mm，因此使用机器人已成为必然。中国制造企业迫切需要加大重点领域技术改造和设备更新，加快制造业信息化、网络化建设，向高端、智能、数字、绿色环保等方向转型升级，摆脱劳动力不足的困境。

2. 降低工作枯燥感，减少员工流失

随着工业革命深化，专业分工越来越细，虽能有利于提高工作熟练程度，有效提高工作效率，但工作单调、重复，同时容易日渐枯燥乏味，缺乏新鲜感和吸引力，也缺乏创新精神，甚至感觉到精神压抑，严重的导致精神抑郁或产生自杀倾向。例如2010年富士康员工14起自杀事件，与工作压力大不无关系。随着劳动者素质不断提升，愿意从事这类单调、枯燥、压力大工作的人越来越少，而机器人不同于人类，没有大脑和思维、没有情感，对工作环境的要求低，可节约生产车间的成本，企业在使用工业机器人时无须过多考虑其感受，只需要定期对其进行维修和保养。同时机器人保密性强，可以代替人工从事个人隐私以及涉及国防安全等方面的资料收集、分析，可防止人员流动所造成的涉密资料泄密的情况发生。狭小、封闭的工作空间或需要无间断持续长时间的工作，也可由机器人替代人工，减少了工人因环境恶劣和工作强度大所产生的负面情绪。智能机器人的应用减少了企业雇用员工的数量，企业需要处理的员工关系也随之减少。同时机器人能够将一线作业工人从重复、单一的机械化的工作中解脱出来，在一定程度上缓解了员工在工作岗位上的不满情绪。

3. 降低工伤事故、职业病发生概率，减少劳动纠纷

按照2005年国际劳工组织（ILO）的数据，全世界约有2.7亿的员工因作业而引起工伤或患有职业病，甚至造成了每年约230万人的伤亡，但按照中国数据计算，截至2021年底，全国共报告15407例职业病新病例。中国历年出现的劳动纠纷案例的受害者多至几十万人，企业在处理劳动纠纷中产生较高成本，同时损害企业形象。《宪法》中明确规定了加强劳动保护、改善劳动条件。在20世纪70年代，国家计委、财政厅等部委也共同发布过要求做好按计划改进劳务环境管理工作的统一文件，以明确按计划改进劳务环境，并保障员工安全与身体健康。但由于企业对工作重视度不够，经费落实不到位，工作环境条件差，致使每年工伤及患职业病的人数及员工猝死事件没有得到有效缓解。

在长时间的运营生产中，作业工人因为长时间从事某种职业工作而形成的潜在慢性病，特别是某些重体力劳动、危险性高的工种，极容易导致员工的职业病。来自全国各地政府部门和职工的巨大压力，更促使公司考虑通过智能机器人替代劳动工作者去进行某些具有高风险的工作，包括危险、有害、高风险的工种等，把人从不良和风险高的工作坏境中解放出来，从而降低了工伤事故的发生率，减少工作人员受职业病的影响，从而保障了一线作业工人的利益健康。20世纪70年代，德国政府制订了"改进劳工环境方案"，强制规定了一切产生危险性、有害的化学气体或其他危险的生产作业，都必须以机器人来取代劳动工人。在中国，凡是包含了工业粉尘的工作，以及对人身有伤害性的工作，操作人员均须配备安全保护用具，同时公司还将在作业中开展规范、详细的作业及安全相关技术培训，以确保每一名员工在操作的同时，保护自己的人身安全。然而在中国，部分企业的管理者及工人的安全意识不强，有些一线作业工人甚至没有采取防护措施，不重视也不了解职业病的影响和伤害，因此导致不少作业工人患上职业病和慢性疾病。所以，危险、有毒的职业实施机器换人具有非常深远的意义。目前大多数国家虽然高危险的工作还未能完全实现机器替代人类，但是随着现代科技的快速发展，该现象终将得到改善。曾经屡次出现劳资纠纷的富士康工厂已自主开发出1万多台机器人并投入使用，代替部分工人从事生产，且生产规模将不断扩大，以减轻劳资纠纷。例如天猫"双11"促销活动中，2016年广东的快递公司率先采用机器人"小黄人"从事快递的分拣与整理，有效避免了因为行业用工高峰期加班等产生的劳务纠纷问题。加大机器投入使用，不但可以增加产出、提升产品优良品质率、实现安全生产，同时还可降低用工风险。可以预见，为了改善雇佣关系，避免劳动纠纷，企业应用工业机器人代替部分操作工作，尤其是一些环境恶劣、有损健康和安全系数低的工作，已成为制造

企业可供选择的人力资源管理策略。同时，通过智能机器人投入使用，还可对经常出现劳动纠纷的岗位进行系统全面的分析，通过共性特征分析提前预警，防范并规避。

4. **提升招聘工作质量及效率**

随着智能机器人的推广应用，企业为降低人工成本和员工流失率，提高员工与岗位匹配度，将在招聘环节选择采用人工智能技术来提升招聘的准确性及有效性。基于大数据及人工智能的SS（software as service,软件即服务）系统，利用人工智能HR tech(human resources technology，人力资源技术生态)技术，通过机器深度学习，企业可通过智能设备扫描求职者身份证及人脸识别，对候选人的身份信息进行真实性识别，还可查询其是否有不良记录。智能机器人可以根据企业、岗位的需求，使用基于深度学习模型的标准化技术来实现信息抓取，通过建立自动筛选简历的模型，判断求职者是否符合企业招聘需求，利用数据比对，能够快速准确锁定企业所需的目标人才，推荐适合求职者的工作职位，避免HR对简历与岗位说明书的长时间反复比对。视频技术、虚拟现实等面试技术，让面试者和企业招聘者进行更高效地沟通。人工智能将会自动筛选并减少偏见，帮助辨别出最有可能应聘成功和未来产生高绩效的应聘者，最大限度招聘到最优人才，并为其配置合适的岗位及团队，与合适的主管配对。例如，Jobaline网站将智能语音分析算法应用到人员招聘甄选中，通过对求职者谈吐的副语，比如语气、语调的变化等特征，进行数据分析，根据求职者的一定特征语音来预测其个性特质，并据此对求职者进行更科学的人—职匹配。

面试环节，智能机器人也能帮助企业提前进行结构化面试的初步筛选，还可根据候选人面试中表现出来的个性、行为等特征预测其未来离职的概率。若没有人工智能、大数据的支持，面试结束后HR还需花费数周时间对候选人进行背景调查核实，若背景调查过程不规范、耗时过长，甚至有可能与候选人擦肩而过，错失人才。企业通过自动化、标准化的背景调查流程，实现背景调查报告定制化，候选人背景调查批量处理，候选人基础信息可以"秒出"报告，不但提高招聘质量以及候选人体验，还可以提高招聘工作的效率。

5. **提高员工培训的效果**

员工培训是人力资源管理的一项核心工作，但不少企业由于员工培训体系不健全，培训师资队伍参差不齐，教学设备简陋，教学手段单一，培训管理人员人手不足等，导致员工对企业培训效果满意度不高，或者培训体系在人才培养、储备等方面未能满足企业发展对人才的需求。

将智能机器人投入员工培训工作中，通过在线信息查询、播放，可以为学员提供丰富的培训学习信息，培训场景模拟更逼真、更丰富，提高员工培训学习的兴趣和参与度，提升工作体验。例如某烟草公司利用3D技术制作人工智能软件，将烟草烘烤现场真实场景还原再现，培训时可循环播放视频，让员工身临其境，增强培训效果，还可降低成本。在未来人工智能机器人可以代替培训讲师进行培训，培训资源将会更加丰富，成本也将降低。企业可以用大数据技术结合员工学习档案、行为数据等，为员工量身定制个性化、差异化的学习方案，通过智能移动设备，根据员工的学习计划与进度实现定期自动推送学习课程，满足员工个性化成长的不同需求，显著提升员工的学习效果。根据对员工的岗位、性格、兴趣爱好等数据的整理与智能匹配，制订个性化推荐和学习计划，为每个员工配备人工智能教师，自动分析每个员工的能力、素质及与岗位任职资格、职业规划要求的差距，判断其培训需求并为其制定个性化培训方案，然后实施，自动分析培训并收集信息自动反馈。

（二）消极影响

伴随着第四次产业革命的来临，加上世界各国的政策利导，中国就业环境出现了历史性变化，多元化的价值观已经进入职场，大量重复性的工作也将被人工智能所替代，而公司内部管控水平也在人工智能科技的赋能下大幅提高。新的经济发展机遇也将给企业人力资源管理带来新挑战。

1. 人力资源需求数量与结构发生变化

机器人时代的快速到来，让人类工作与生活的方方面面悄然发生变化，包括就业环境。机器人可以替代人类从事很多工作，因此，人类也开始担心自己的工作是否会被替代。伴随着自动化的程度越高，被机器人取代的可能性也就越大，因此可推测，在未来一些职业，如清洁工、快递员、渔民、流水线工人、飞行员、服务员、信贷员和个人理财顾问、法律助理和初级律师等，都可能被机器人替代，并且已经出现或将会出现机器人主播、机器人司仪、机器人接待员、机器人模特、机器人咨询员、护理机器人等，人类原本严峻的就业形势雪上加霜。中国率先实行机器换人计划的广东东莞、顺德等城市的家电企业中，美的、海尔、创维、格兰仕、格力、海信等大型家电企业已大量使用自动化设备或机器人投入生产，并大大降低了企业的用工数量。例如，2011年美的集团空调总营收为500亿元时，员工数超过5万人；2014年空调总营收近700亿元，员工数量减少至2.6万人；2018年家用空调事业部员工进一步缩减至2万人。

对于企业而言，运用智能机器人替代部分人工工作，是未来必然的发展趋势。生产效率的提高离不开人和机械之间的共同协作，而自动化等技术革新则将使机械与人融合的更好，企业对操作型、技能型、知识型员工的需求也相应增加。智能机器人的效率、稳定性等都会随着技术升级得到进一步提升，在劳动密集型领域以及低端生产行业，大批的低级技术工人会被替代。智能机器人会替代特定职业的劳动力，造成工人下岗。但同时随着工业机器人使用量的增加，制造业新就业机会也随之增加，将会开发出更多创新的岗位，比如，工业机器人生产线的日常保养、检修等都需要相关专业人才来完成处理，无形中带来了大量和机器人有关的就业机会，如机器人编程、操作、维护、监视等新职业也应运而生。当企业使用智能机器人之后，会缩减底层的一线工人数量，增加中高层技术人员比例，工作需要重新分工，岗位需要重新设置，例如机器人工作的岗位，以及与操作工人配置比例、技术维护工人与机器人的配置比，都需要重新制订计划，以实现成本最优化。在人机融合成为企业新的生产模式趋势下，员工的内涵在新模式下将重新定义，人类和机器都将成为企业的员工，做好人机的分工与配合也将成为未来人力资源管理工作一项重要内容，新的合作模式下，产生出新的工作模式与新的工作流程。随着产品越来越追求个性化，产品规格越来越多，生产线柔性变革是大多数企业面临的一大难题，企业所需员工数量及构成比例将与此之前存在很大不同，对员工能力素质、生产线管理能力等都提出了更高要求，人力资源管理也需随之改变。

2. 机器人维护技术及成本面临高门槛

在人口红利逐渐消失、企业用工成本优势不断减弱的情况下，工业机器人的使用的确能够大幅降低人工成本，同时提高产能和产品的质量，减少损耗。然而，事情都具有两面性，工业机器人的使用不但需要一次性投入大量资金，而且其作为高端制造装备，后期维护与调试需要专业人员，系统、技术还需要不断升级与维护，虽有政府政策的扶持，成本依然不低。中国大多数小微制造企业受制于投入成本，仍选择传统的手工生产模式以减少资金投入，进而导致产品质量和附加值无法显著提升，企业收益持续减少，产业仅能维持较低水平，影响产业转型升级。

由于机器人生产商派遣的技术人员不可能长期驻点企业，因此机器人后期的维护运行成本及维护技术门槛较高，企业未来必将面临维修成本及维护技术方面的问题。目前，中国在智能化机器人维护方面并未取得任何优势，大多数零配件仍依赖国外进口，无形中增加了智能机器人的维护养护成本。为解决这些问题，一些大型企业纷纷采取不同的应对措施，比如富士康选择自行制造与维护；而美的、万丰科技等企业则通过全资收购机器人的生产企业来解决机器人的维护难题。但绝大多数的中小企业没有上述企业的实力，只能购买机器人生产商提供的服务来解决机器人生产中可能遇到的诸多问题，这是一项巨大的成本支出和挑战。

3. 对员工能力素质提出新要求，失业风险增加

人机协作已然成为企业未来新的生产模式。机器人投入使用虽能提高生产效率和质量，但其只能执行既定程序，完成流水化作业。机器人擅长重复性操作与大数据分析，针对发生过的问题以及某些特定事件遵循规律或规则快速提供解决方案。而人擅长社交互动、变化创新，若人机互补，取长补短，将能创造更大价值。人机协作的相互配合的新工作模式对人类的工作能力与技能提出颠覆性要求，增加了对专业技术型人才的需求，要求岗位上员工应具备更强的协作能力、判断能力、应变能力、创新创造能力、共情能力等，导致劳动力市场对高技术人才或知识型人才的需求越来越强烈。智能机器人对人力资源带来的变化是产业工人的减少，今后即使在制造行业；知识型员工的比重也将越来越大，类似于富士康的万人工厂会越来越少。

因此，虽然人力劳动者得以从重复性、危险性、低价值的劳动中脱身，但对于新岗位的劳动者来说，自身能力等方面将会面临更多新挑战。

二、机器人时代企业人力资源管理变革

随着技术的创新及突飞猛进，智能机器人的生产成本逐渐降低。技术及成本的优势日渐显现，机器人将在越来越多的行业中逐渐取代人力劳动者，成为企业新生力量。在未来企业尤其是生产制造型企业中，脑力劳动者与智能机器人为劳动力主体。企业内部的人力资源规模与结构必将改变，势必带来劳动组织模式的革命。智能技术渗透下的人力资源管理，柔性特质更具潜力，随着智能技术在企业生产和管理上不断渗透，雇佣关系被再次颠覆，组织内部人力资源管理必将相应变革，只有这样才能为企业创造生机。

（一）提升人力资源管理的战略地位

2017年《世界经理人》进行调研的结果显示，中国大部分制造企业的人力资源管理工作仍处于以从事基础性、事务性工作为核心工作的初级阶段。如目前一个招聘经理会用40%时间进行招聘人选，而花费60%时间从事行政事务工作。比较而言，基础性、事务性的人力资源管理工作因简单、重复较为容易被智能机器人所取代。2016年完成的"中国制造业人力资源管理现状调查"结果显示，中国近两成的企业已实现传统人力资源管理向战略性人力资源管理转型，但仍有四成企业仍是传统人事管理，近四成企业处于由传统人事管理向人力资源管理转型中。超过七成制造企业的人力资源部负责人很少参与公司的战略制定。

随着人力资源管理职能从低级阶段到高级阶段的逐步迈进，以及移动互联网技

术的进步，企业中绝大部分基础事务性的工作将通过机器或人工智能代替人类来完成，未来人力资源管理的核心工作不再是基础性、事务性工作，而是在企业总体发展战略框架下，对人力资源进行甄选配置、培育、保留、激励、开发，为客户、投资者和员工等利益相关者提供更多价值，实现企业的战略目标及更多价值创造，而这些正是机器和人工智能无法替代的。因此，无论从企业发展视角，还是从HR的职业发展角度，都急需人力资源管理部门提升人力资源管理水平，为支持企业战略发展服务。

随着智能机器人大量投入使用，人必须成为掌握管理主动权的核心力量。人力资源管理者需要借助人工智能来改变传统的HR管理模式，为实现组织未来战略发挥价值。人力资源部门由最初的消耗型职能部门，逐渐向决策、服务型部门的战略地位转变，其核心职能为引进、开发、培育与保留关键人才，搭建人力资源管理的数字化基础，构建人力资源数字化管理团队及员工队伍。在组织中对企业战略制定、决策和实施等方面发挥越来越大的影响力。因此，人力资源管理部门需深入领悟与理解企业的战略思想，着眼于更为宏观的战略统领层次，坚持不懈学习，制定出相应的人力资源管理战略。同时，在技术迭代快速更新的今天，人力资源管理部门需转变思维，与时俱进，充分利用人工智能，将人从事务性工作中解脱出来，与其他部门协同，让创新成为人力资源部门的核心战略，为实现企业的战略目标齐心协力，共同努力。

（二）组织结构及岗位重新设计及调整

伴随着人工智能技术、移动互联网技术的飞速发展，智能机器人将越来越多取代技术含量低、简单重复或存在潜在危险的岗位，同时也将伴随产生新岗位。例如，一些国家的新闻机构，通过借助数据量化分析，开发并利用人工智能报告生成器来撰写新闻报告和分析评论，可为新闻工作者节约大量数据资料处理时间，将更多时间投入调查研究和深度报道。再如，在员工招聘环节，面试官运用人工智能，利用面试时收集到的应聘者的语言数据，对其情感和个性特点进行分析评估，帮助做出录用决策。

移动互联网时代强调知识的共享、交流，智能机器人的应用，使工作重新分工，新岗位出现，岗位内涵及其任职资格被重新定义，岗位劳动定额随之变化。扁平化组织结构减少层级，机器人投入使用，在两者共同作用下，企业用工数量减少，并对企业与员工都提出新的能力需求。

企业需要根据自身发展规模和速度，重新制定机器人与工人配置比例、技术维护工人与机器人配置比例的合理计划，重新设计绩效方案，重新调整岗位分析说明书等，理智对待智能机器人的使用问题，以达到成本最优化。智能机器人应用产生的技术红利逐渐代替人口红利，已成为越来越多国家经济持续增长的主要动力源泉。中国企业目前大多数还是传统职能型组织架构，以职能进行分工，业务流程清晰但层级繁杂，官本位思想严重，组织应变能力较差、信息传递速度较慢，这些都将制约企业的发展进程，很难提高运作效率。因而，组织结构应朝着扁平化、网络化、数字化、学习型组织转变。为了有效提升组织竞争能力和创新能力，充分利用人工智能，工作将会被重新定义。企业内部将重新设置岗位，越来越多技术含量低、简单重复或有危险的岗位将由智能机器人取代，一线员工人数量将减少。同时，进行智能机器人设计、操作、制造、维护等工作的中层技术、管理人员数量将增加，企业的组织结构由金字塔形向菱形转变，与之匹配的人力资源队伍在一定程度上缓解了劳动力短缺问题。

（三）人力资源管理的数字化转型

国际数据公司的报道表明，更多的公司正把数字化转型视为重要策略，用于应对外部环境挑战。2018年，在世界1000强公司中的67%，在国内1000强公司中的20%，均已将数字化发展视为公司的主要战略目标。那么，首先需要明确何为数字化转型。数字化变革是指企业通过运用数字信息技术创造全新的商业模式和良好顾客体验，以适应日益变化的行业环境和市场需求的过程。大数据时代，企业掌握了人力资源的各种数据。利用新型IT信息技术进行对传统信息数据的提升，将促进公司全方面、全过程的数字变革，对人力资源管理方法进行数字化转变也是大趋势，人力资源管理将沿着循证的人力资源管理方向发展。但是目前，中国80%的中小企业仍处在数字化变革的探索期，而60%以上的中小企业数字化进程仍然受阻是由于IT实施的不足。

一个企业的人力资源管理水平高低将影响一个企业的未来发展。部分企业已迈入数字化转型阶段，与此相呼应，人力资源部门应扮演转型的推动者和引领者角色，而非被动的参与者。数字化转型其实意味着思维方式和文化变革，即形成数字化思维模式。因此，人力资源高管应快速转变思维，投身到组织数字化转型中。人力资源部门既需要帮助管理者和企业适应社会技术变革，也需要帮助员工适应新的岗位任职要求和工作模式，进而帮助企业实现转型并增强灵活性和提高适应力，从而适应充满不可预测性的时代。因此企业首先打通组织内外部资源共享通道，建立或迭代升级人力资源数据中心及人力资源大数据平台，确保人力、财力、物力、信息等各项资源利用互联网、物联网、大数据、人工智能等平台实现共享。通过与人工智能、大数据算法相结合，运用集成云平台、数字化的人力资源管理技术或系统，构建与发展战略相匹配的数字化人力资源管理的人才供应链，组建人力资源的数字化团队，借助数字化技术、数字化运营思维，打造闭环的人力资源运营流程，以最终结果反馈追踪来评估人力资源管理的数字化程度及效果，实现人力资源管理各模块大数据价值的不断深入挖掘和数字化优化，实现跨企业、跨地域、跨行业、跨国别的运用。企业的人力资源动态配置，各项业务互通有无、相互协调，根据千变万化的客户需求及外部竞争，随机应变调整产品种类及构成，提升产能及人力资源核心竞争力，确保竞争优势。人力资源管理如何利用新技术进行数字化转型，实现团队的智慧协同，提高生产力，打造组织创新活力，将成为人力资源管理者面临的挑战。

1. 人力资源管理决策的数字化

企业可以借助机器学习技术，建立基于大数据分析仓的量化分析模型，并利用模型对每个人员的职业稳定性、疲倦感和工作潜力程度，做出量化判断与预测。服务中嵌入了数据挖掘技术，使企业的管理者在招工、人员请假审核等日常的管理中，实现了信息透明化、有据可依，如在审核企业招聘要求时，可以即时参考了解行业内、企业内部的同岗员工薪酬状况，以及部门员工结构状况，并按照管理人员要求，定时向管理人员发布（或在线实时查询）有关团队效率、人员效能等信息仪表盘，并做出简易实时决策。对异常数据进行适时警示，利用数字化平台进行对目标之间关联关系进行智能分类，适时预测可能出现的原因，并将信息适时传递给相应业务指标主管，对人力资源及其管理效能进行全程监控分析。有助于企业进行人才甄选、预测员工工作行为、未来绩效与离职倾向等，帮助企业提升人力资源管理。

2. 人力资源管理流程的数字化

企业将互联网技术融入管理的各项职能中，以大数据技术为依托，人力资源管理流程的各项工作即选、用、育、留、考、酬全过程工作流程可实现数字化管理，人力资源的所有数据实现动态收集、完整记录、比较分析，提升人力资源管理的专业性，从而有效改善企业的运营效率。例如构建完整和动态的员工数字化信息，包括年龄、受教育程度、技能、能力、工作履历以及个性特质等全面个人信息档案，以及员工的历史数据、行为数据和画像数据等。企业运用计算机大数据技术来读取、监测与分析员工的日常工作行为表现、行为习惯、成长轨迹，将该数据通过分词算法进行运算和解析，根据数据源、业务分类形成画像标签维度，可准确分析员工各项能力组成，及时找到与其能力相匹配的岗位，从而优化人—岗匹配。企业基于构建并运用员工职业稳定性模型、敬业度模型、疲倦度模型、胜任力模型、潜力度模型等管理工具，并长期跟踪对模型进行动态优化，筛选出高离职倾向的高绩效员工，通过数据挖掘深入剖析其遇到的职业困惑，及时进行心理疏导，降低离职率。针对员工的个性特质、职业稳定性、就业行业、企业及岗位特点、职业发展规划等，可提前预测员工的职业倾向。企业在对员工或应聘者素质测评时，可利用企业积累的成千上万个被测试者的数据构建模型进行测评，通过运用云计算平台和大数据技术，使员工测评工作更加高效、准确。

员工培训与学习是人力资源管理的核心，可充分利用互联网及数字化技术，线上线下相结合。而且线上教师资源更为丰富，可以聘请更多重量级大师为学员授课，确保授课内容的前沿性、适用性，同时还可以线下向学员推送，设计成不同学习模块，方便员工利用移动设备，利用碎片化时间随时随地学习，可实现员工由企业组织安排学习转变为自主导向学习。通过后台对员工学习档案、行为数据等进行分析，为员工量身定制个性化学习方案，自动推送学习课程，大大提升员工的体验与效果，助力员工成长发展。

为使企业的选、育、用、留人更加科学、规范与透明，人力资源大数据可为人才甄选、录用、配置及晋升提供整体解决方案，组合应用上述人力资源大数据模型和各类管理工具，在选、育、用、留等各方面以数字化平台为支撑进行人才管理，打造企业中长期战略发展所需的人才供应链。

3. 人力资源管理服务的数字化

未来，人力资源管理服务将成为一家公司数字化基础功能的非常核心的组成部分，而人力管理者将不仅是专家型的员工，更是客户与管理者之间互动的监护者。人力资源部门利用大数据、网络、云端服务等手段，实现了人才技术管理工作的可视化、流程化、智能化，并利用世界领先和最前沿的电子化信息、区块链信息、移动网络信息技术、企业云计算技术，改变公司与人员之间的交互方式、人员与组织之间的互动方式，并利用企业人工智能技术向雇员提供企业智能支持服务，为他们提供了良好的员工体验，提升员工满意度，减少员工流失率。员工服务已经开始从常规的人事服务，提升到在线交付服务。通过构建多渠道、智能化为员工的电子化管理咨询服务，比如公司可以利用Web门户站点、移动App、微信公众号、公司微信、第三方企业公共服务网络平台等技术通道，以达到为公司提供的管理简单、方便，并突破地域与时代局限。公司员工日常管理可以利用手机软件系统进行自动考勤、审核、申报工作，管理人员利用客户端可以进行审核和查看公司员工的出勤、休假和出差状态，员工也能够在线自助查看工作通知、薪酬数据、绩效考核结果等，增强便利性、透明性和服务性，为员工提供线上人力资源管理制度政策、员工手册等咨询服务，提供证明材料、申请、请示等业务线上办理，为各级管理人员提供其下属员工的个人工作表现、管理图表等数据信息支撑，不但增强员工自主管理，还优化并减轻了人力资源及各部门管理者的日常工作量。员工可以实时获取自身工作现场的数据，并掌握自身的工作成果，以及所做出的工作成果中的优点和短板。公司还可以通过对员工数据的分析，为其进行培训课程指导，为其发展路径设计规划。基于工作需求，人员交流的部分信息将可公开化，提高人员升迁、晋级、淘汰、评优等工作信息的透明度与公正性，有利于培育积极进取的良性竞争氛围。

（四）提升人力资源核心技术能力要求

随着智能机器人的生产技术日渐成熟，其单位成本有较大幅度降低，因此其在各环节的投入使用占比也在逐渐增加。企业部分岗位将由智能机器人替代。在生产过程标准化程度较高的企业以及高端制造业企业中，人工智能将逐渐代替大量低技能劳动力，同时企业对高技能人才的需求将增加，而现有的劳动力技能水平与企业实际需求之间出现供求不匹配，将会导致结构性失业。因此，对企业员工造成失业威胁的不仅仅是智能机器人，部分失业是由于员工自身缺乏企业所需核心竞争技能进而导致无法满足岗位需求。高新技术企业的竞争就是人才的竞争，没有人才，企业也就无从发展。如何培育、吸引、留住高技术、核心竞争力人才，是各企业人力资源管理面临的新问题。

1. 操纵、维修和管理机器的专业技术

随着机器人时代及大数据时代的来临，越来越多的企业尤其是高新技术行业企业为了提升产品竞争力，降低人力成本，加大了机器人的投入使用比例。但智能工业机器人操作复杂，从安装、编程、控制软件及应用软件应用、设置程序的参数等，到组装成一条完整的生产线投入运营，需要经过专业技术人员安装调试，保养或维修环节技术人员也需具备相应的专业知识与技能。随着工业智能化的快速发展，企业对有能力操纵和维修机器的专业技术人才需求也急剧增长，因此该领域的技术及管理人员还存在较大缺口，中国机器人操作人员的缺口超过500万人。据不完全统计，中国已有120多家职业院校开设机器人相关的专业方向，但供给仍然还是远不能满足市场需求。2014年年初，企业招聘管理和维修机器人的岗位支付的年薪最低50万元。面对人才大量短缺，校企双方需要共同联手，齐心协力进行人才培养与开发，政府与企业应加大资金投入，重视该领域专业技术教育及培训力度。

2. 大数据技术

中国大数据产业虽起步晚，但发展较为迅速，大数据的发展得益于互联网、社交媒体、移动设备和传感器的快速成长。随着物联网、移动互联网等快速发展，各

项数据产生速度、规模加大，越来越多的企业迫切需要运用大数据手段进行采集、分析处理，以挖掘提炼其中更多有价值的数据信息。大数据具有体量庞大、存在类型繁杂、低成本高价值且易变等特点。随着人类对大数据价值认知的不断加深，用于采集、存储、清理、分析与挖掘数据的新技术也越来越受到重视与开发利用。大数据技术主要包含大数据开发技术、大数据分析与挖掘技术、云计算技术、JAVA技术等，大数据技术可大幅度提高人工智能对数据采集、存储、挖掘及预测数据变化的能力。在商业领域，亚马逊、谷歌、脸书、百度、阿里巴巴、三星等企业也纷纷建立自己的大数据领域的研究中心。基于大数据的较高价值回报，企业中的人力资源管理工作也逐渐倚重对数据的价值开发与利用。

社会现有的大数据人才已远不能满足企业快速发展需求。相关调查数据显示，2018年中国大数据人才缺口150万人，到2025年大数据人才缺口将达到200万人。

3. 互联网应用技术

互联网是人工智能的基石，与大数据紧密相关。中国的互联网已实现从应用驱动型创新向技术驱动型创新迈进，并且在部分新兴技术领域，如人工智能，中国本土的互联网企业与国外竞争对手企业在技术上已并驾齐驱。而中国作为人口大国，庞大的客户市场为本土互联网企业探索技术创新提供了良好的机遇。企业运用互联网技术，可通过追踪用户的网络使用频次、使用习惯，采集及分析相关数据就可以推演出用户的喜好及其行为模式，开发潜在用户，进而预测出用户的潜在需求。

作为企业的人力资源管理部门，若要提升自身在组织中的地位与价值，也需具备互联网思维与技术，在人员招聘、甄选、配置、晋升等环节，通过采集相关人员、岗位的大量数据来提升人岗匹配的科学决策。例如，招聘甄选环节，为了能够有效甄选出最佳应聘者，可以通过互联网采集应聘者在公开社交媒体上相关社交痕迹，采集其在其他企业任职表现及绩效，也可通过企业内部相同或类似岗位任职者的历史数据，来分析核心能力与绩效之间的关系模型，并与应聘者进行适配，协助进行科学录用决策。

互联网正在以前所未有的速度快速发展，中国企业每年新增的应用型高端人才缺口超过百万人，每年培养输出的人才供不应求。互联网技能应用型人才需求快速增长，要求人才更敏捷、更开放、更快速，并且具有复合型的思维与能力。

4. 创造力

技术存在边界，任何一种人工智能产品都需要多种技术共同支撑，人工智能技术是针对某一个特定的问题，尝试找出最优解决方案。创造力即提出新颖且有价值的想法的能力，被认为是决定企业或个人能否成功的关键。当创造力、劳动力与资本三者实现有机结合时，创新就成为可能。人工智能虽然能代替人类在某些岗位上工作，但其所缺乏的是创造力，而现实工作中不管是解决所面临的问题，还是工作中创新等，都需要员工具备前所未拥有的创造力。假如一个企业希望培养员工的创新意识，最大程度地开拓其员工的创造力与创新能力，可尝试构建多元化、开放、包容的企业文化，并为员工营造一个和谐、愉悦的工作氛围。

（五）人力资源管理业务外包

大数据和信息技术的普及与发展，必将推动企业的人力资源管理模式变革，同时也必将对人力资源管理业务外包的业务领域产生重大影响。随着人工智能及大数据的快速崛起，部分岗位将逐渐由高端智能机器人取代人类，且随着信息采集、加工、数据分析处理等方面技术的不断成熟，这种可替代性将逐渐从人力资源管理业务外包的低端层面蔓延到中高端层面。人力资源管理业务服务公司在充分挖掘和分析发包企业员工原始、现有信息和数据的基础上，对企业真实需求进行甄别与判断，对员工个人信息进行筛选和分析描述，在此数据挖掘上利用自身专业优势进行业务优化和创新。互联网、大数据、云计算、区块链推广和人力资源管理业务外包服务公司专业、先进的管理理念和高效的管理模式，推动企业更倾向选择与人力资源管理专业化服务公司合作，主动将其不增值或常规性的人力资源管理业务外包给能提供独特价值和专业服务的人力资源管理外包务公司，有效提升人力资源管理专业性及管理效率，以提升企业的竞争优势，开源节流，人力资源业务外包将有助于合作双方实现互助互利，因此人力资源管理部分业务外包终将成为企业人力资源管理未来的发展趋势。未来人力资源管理业务外包比较常见于精准高效甄选、精准人才测评、专业高效人才培训等领域。

1. 精准高效甄选服务

通过运用大数据技术，根据社交网络上的信息，为企业提供招聘甄选服务的一系列产品或服务。有招聘需求时，承包的专业服务企业利用社交网络的职业搜索引擎，建立满足甄选需要的自动化数据收集体系，收集、整理应聘者与竞聘岗位的个人相关信息，通过对应聘者的个性特质、工作简历、教育背景及其社交网络等信息数据，构建算法模型，系统进行评价，分析个人竞争力、岗位匹配度、未来工作绩效等，改进原来招聘甄选的主观指标，提供更专业服务。通过对应聘者个人信息的深度挖掘，帮助企业有效地缩短甄选招聘时间，更全面、清晰地了解应聘候选人情况。

2. 精准人才测评服务

员工招聘、晋升过程中最核心的是如何有效测评以实现岗位与人之间的匹配，而大数据、互联网技术能够提供对员工或应聘者个人进行全方位分析的技术平台，帮助企业实现高效精准的匹配。企业通过人力资源管理外包服务，借助专业服务公司，由以人为中心的传统人工、主观测评，转变为以数据信息为中心，找到数据特征及其相互间潜在的联系，从而有效地测评员工，让测评结果更具客观性和精准性。专业服务公司可利用大数据技术从应聘者或员工的个人简历和社交网络个人的推文或观点、员工数据库中提取其总量数据，抽丝剥茧，从胜任素养角度对应聘者与空缺职位的匹配度进行评分，为人—职匹配提供参考依据。这些基于数据收集、数据挖掘和数据分析的人力资源外包增值服务模式，对专业化、信息化和数字化水平并不很高的企业具有非常大的吸引力。例如瑞士信贷针对公司内想要跳槽的员工，委托外包人力资源服务公司运用人工智能技术从大量的数据之中评判出员工最适合的工作岗位，帮助员工更深刻认识自我、使企业更全面理解员工，以此为基础进行人事调整，帮助约300个员工主动放弃离职。

3. 专业高效人才培训服务

无论是从企业长远发展还是员工自身发展视角考虑，科学、高效的员工培训服务有助于提升员工专业知识、技能及文化素养，挖掘员工潜能，提高员工创新能力，促进企业综合实力、市场竞争力的提升。智能机器人属于高端技术产品，并非所有员工都有能力操作机器人。因此，企业在普及推广使用机器人的同时，也需要增加投入进行员工知识与技能的升值培训。企业可根据自身业务及管理发展的需求，为员工提供服务于公司战略并且系统化、个性化的培训方案，提升员工的技能水平。但有些企业现有人力资源部门尚且能力不足或专业培训师资队伍缺乏，目前没有能力设计或执行培训方案，可从外部寻找专业的提供数据分析、专业化培训的外包服务公司，帮助员工获得专业、系统、高水准的培训，实现双方合作共赢。通过加强员工对数据分析处理能力、信息系统开发与使用能力及数据敏感度等方面培训、训练，或引进具备这方面能力的人才，可以满足企业对人才的需求，提升企业应变能力与适应能力。

第六章　中小企业管理

第一节　中小企业管理创新的内涵

一、管理思维的创新

　　思维是人类大脑能动地反映客观现实的过程，是人类开动脑筋认识世界的过程中进行比较、分析、综合的能力，是人类大脑的一种机能。管理思维就是企业管理者在参与管理活动时的思维方式。

　　管理思维决定管理成效。管理思维的创新是企业所有创新活动的核心，无论是产品创新、制度创新还是技术创新，都是先由思维创新开始的。那么怎样才能做到思维的创新呢？

　　（1）企业管理者要建立思维创新模式。可以把头脑风暴看成是思维创新的一种简单模式，据此我们可以来建立对标模式、信息化模式等。

　　（2）要对模式进行固化，定期或不定期适时启动。建立好思维创新的模式后，要进行制度化。在不同情况下，适时启动，以获得创新点，抓住市场机会，赢得竞争先机。

　　（3）要敢于破除思维定式，尤其是企业决策者与管理者。由于人的思维存在以下定式：习惯思维定式、权威思维定式、从众思维定式、书本思维定式、自我思维定式、直线思维定式等，这些都会影响企业对管理活动的正确处理与决策，所以要在充分运行创新思维的模式下，科学有效地规避这些创新思维障碍。这就要建立学习性组织，不断输入新的知识源、新的理念；建立科学评审机制，对公司经营方针、策略、项目等进行科学论证；形成鼓励创新的激励机制，重要的是敢于对新灵感提出肯定并进行实践；形成否定式机制，不仅敢于否定旧观念、旧做法还要否定落后思想，更要否定错误权威，以及进行自我否定，否则创新思维不会达到至高境界。

　　（4）要科学运用创新思维的方法。创新思维的方法很多，要在不同环境下运用好不同的方法或方法组合，以保证最佳的思维效果与输入决策的信息质量。扩散思维方法是创新思维的核心，可在多种条件下采用，如要在公司内部解决某一个问题就要优先选用收敛思维方法，使解决问题效率加快，在对竞争对手进行差异化营销策略制定时要用类比思维法与扩散思维法相结合，广告策划时要考虑直觉思维法，新产品研发往往离不开想象与灵感思维法，当然在此过程中不能过度地采用一种方法，要灵活运用方法组合。

二、管理理念的创新

管理思维创新下产生新的管理理念，多数都是与时俱进的，对企业制定管理决策、实现生产经营目标、管理控制等环节和过程都具有指导价值和精神支撑作用。

中小企业的管理理念往往都是企业最高管理者或老板个人的管理理念，而这些管理理念往往覆盖着整个公司，在某一特定时期内很可能这一理念是正确的，可是随着企业自身的变化，企业外部环境的变化，理念必须创新。

中小企业要在当前信息高度发达、技术革新快速发展、资本市场极度活跃、市场竞争更加激烈的环境中生存发展，管理理念要适时创新。一是树立企业的价值观，为企业发展方向进行定位，提供指导思想。这是管理理念创新的主要部分。二是要科学管理，做到管理规范化、作业标准化。泰勒对科学管理作了这样的定义，他说：诸种要素，不是个别要素的结合，构成了科学管理，它可以概括如下：科学，不是单凭经验的方法。协调，不是不和别人合作，不是个人主义。最高的产量，取代有限的产量。发挥每个人最高的效率，实现最大的富裕。这个定义阐明了科学管理的真正内涵。中小企业的管理必须走向科学管理，以科学的态度去解决问题，对相关管理活动进行规范化，对业务程序进行流程化、对生产作业进行标准化。三是以市场为导向，建立灵活的市场应变机制。企业所处的环境是动态的，市场变化要随时掌控，根据市场的变化调整企业生产经营决策，抓住市场机会，规避市场风险。另一方面以客户为关注焦点，满足客户要求。四是内部绩效以目标为导向。要从单纯的绩效考核转变为绩效管理，与员工一起为实现目标努力，应给资源、搭平台、多帮助。管理者只有具备创新意识，用正确的管理理念指引公司，企业才能在不断变化的内因与外因间取得成功。

中小企业所面临的生产经营环境时刻发生着变化，知识经济与全球经济给企业带来市场机遇的同时也使竞争更为激烈，企业要不断创新管理思维，积极采用新的思维模式，破除思维定式障碍。用科学管理的理念来进行规范化、标准化，以市场为导向开展管理活动，以结果为导向进行绩效管理，以保持企业竞争优势。

三、管理制度的创新

优化已有的制度，使其更适应公司发展，破除旧的不适应公司当下发展的制度，建立与当前发展相适应的新制度就是制度创新，它是企业管理创新的关键。制度创新是中小企业"强身健体"的基础，也是管理规范化的需要。现阶段很多中小企业还存在管理者亲手抓、人制大于法制、有制度不执行形同虚设、制度不严谨不完善等问题，这些问题的存在严重制约了企业的发展。当前中小企业只有坚持制度的不断创新，实现科学法制化管理，积极改善企业内外部关系，才能在激烈的市场竞争中实现持续发展。

（一）管理制度创新的原则

（1）有制度可依、有制度必依、执行制度必严、违反制度必处罚、制度执行监督有效。首先企业要保证所有的生产经营活动全过程要有制度来约束和规范，如果在某一方面没有或缺失要马上进行制定。当然这些制度是科学的。其次制度一旦出台，就必须按制度办事，从最高领导者到最基层员工，都不能无视制度的存在。很多企业管理人员在处理问题时存在随意性，带头去违反制度，其余的人跟着不遵守制度，最后结果导致制度失效。制度在制定时如考虑不周，实际执行过程中如遇到问题，一定要去维护制度的权威，同时优化制度，保障执行。还有一种情况就是新制度会对一些利益团体形成制约，在开始执行时有难度，这个时候要坚决坚持执行。执行制度一定要严格、严谨。中小企业中很多都存在血缘、裙带关系，在制度执行过程当中也都关系化而使制度失去效力。对于违反公司制度的一定要按制度进行处理，这样才能维护制度的公正性，对于遵守制度的人才是公平的，在制度约束下的生产经营环境才会有序，企业运转才会正常。另外，要对制度执行进行监督。制度执行得如何，需要靠监督与考核机制的配套。张家口长城液压油缸有限公司曾经有监督部，这个部门直接向公司老总汇报工作，这个部门在公司推行A管理模式，在保障公司制度有效执行过程中曾起到了关键作用。需要强调的是，对于违规执行制度的行为要建立责任追究机制，让监督手段有力。

（2）制度的制定要"接地气"，符合企业实际情况，否则制度出台后会出现负效应。那些拿来主义思想下从成功企业复制过来的制度一定要"本土化"。对于一些敏感易产生波动的制度，一定要考虑稳定过渡。制度在制定中可以由下而上收集民意，由上至下讨论评审，通过试行程序进行优化，为后期能严格执行确定良好基础。

（3）进行制度创新要符合市场要求，符合客户标准或客户对供应商管理的要求。中小企业由于生产规模与经营实力的原因，很多一部分都是在做二、三级市场，为一些大中型企业做配套服务，而这些大中型企业在行业内都具有一定的话语权，参与并进行行业标准的制定，同样它们有先进的管理模式和经验，对供应商在质量管理体系、成本控制、战略合作等方面有较为明确和严格的要求，中小企业要满足客户要求，适当创新制度管理。

（4）企业制度创新应与企业文化相融合。企业文化与企业制度都具有约束企业员工行为的相同作用，企业文化是企业制度创新的灵魂，制度创新体现了企业文化的方向。只有整合企业文化，才能更好地发挥制度创新的作用，巩固制度创新的成果。

（二）管理制度创新的途径

1. 中小企业内部管理制度的创新

中小企业内部管理制度的创新是中小企业内强的根本。

（1）科学建立企业组织框架，为企业科学化管理搭建基础。企业架构是企业生产经营控制的基础，是制度运行的硬件环境，而具体制度是在企业架构下运行的软件程序，所以企业制度创新必须基于企业部门职能优化。

（2）薪酬与激励机制的创新。很多中小企业的薪酬制度还不完善，激励机制更需要创新。首先，对工作岗位进行设计、分析与评价，明确各岗位的工作性质、所承担责任的大小，劳动强度的大小、岗位所需人员具备的条件，按岗位的重要度及相对价值做出客观的评价，并将评价结果作为确定基本薪酬制度的依据。其次，对本企业所在的地区及行业的工资水平进行调查。在充分了解和掌握相关数据情况的基础上不断适时调整本企业的薪资水平，确保企业的薪酬制度对外具有一定的竞争性，保证员工队伍的相对稳定和优化，对内要做到合理性，要在总体生产成本中可控。再次，薪资制度结构中要能体现不同职别的结构差异、不同层次员工的报酬等差，为企业员工职业生涯和职业规划设立渠道。最后，创新绩效管理制度。以绩效为纲，把单纯的绩效考核转化为科学系统的绩效管理体系。很多中小企业还是停留在绩效考核上，其中不乏一些已偏离绩效考核方向，如只是为了考核而考核；考核成了那些具有考核权的上级主管对被考核下级的一种制约手段；考核成为一种形式，只是填个表，签个字，一片太平。创新绩效制度，以实现绩效为目的，对绩效管理的各个环节进行规范化，最为重要的是要明确领导与主管部门对绩效辅导的职责，把绩效考核的主体真正作为绩效实现的主体。

（3）财务管理制度的创新。企业的财务部门汇集着各种重要信息，除了财务报表企业负责人们要过目以外，很多重要信息被当作无用数据而放置一旁，如果用工具进行处理分析，会为企业的管理提供十分有价值的数据支撑。

2. 中小企业外部管理制度的创新

中小企业外部管理制度的创新主要包括市场体系培育政策的创新、竞争环境制度的创新、融资渠道制度的创新等。

（1）市场体系培育政策的创新。中小企业要在经济体系中健康发展，市场体系培育很重要。从2008年金融危机以来多国为应对金融危机造成的影响制定了很多措施，从根本上来，政府的这些措施也是市场体系培育和建设的范畴。首先，应优化产业政策，搭建好服务平台。当前虽然中国政府职能逐渐转变，行政服务体系已趋向形成，但是还需要对战略性新型产业的培育政策坚决落实，对具有竞争力产品和项目给予重点扶持，政府性公共资源服务。其次，要为中小企业提供减负帮扶，切实让中小业有时间、有精力、有资金去进行技术改造，去升级生产能力，去研发新产品。最后，为中小企业的发展配套建设人才培养、信息工程、风险控制、融投资、进出口保护等方面的政策制度。

（2）竞争环境制度的创新。完善相关法律法规的建设，营造公平竞争的法律环境；政府对落后产能与技术转移二次升级政策制度进行创新，让中小企业实现跨越发展；中小企业也应建立企业竞争环境分析机制，不断了解和掌握行业政策、动态、竞争对手情况等，及时制定竞争策略，采取应对措施。

（3）融资环境制度的创新。中小企业资金短缺是影响企业发展的一个主要因素，融资难成为老板们经常谈论的话题。

制度创新是管理创新的关键，中小企业要坚决坚持制度创新的原则，适时对内部制度进行创新，建立良好的内部制度环境，尤其要创新激励机制与薪酬制度，充分调动和发挥企业员工的积极性和主观能动性，优化财务预决算、分析和监督职能，确保充分利用企业资金与控制风险。另外政府部门要高度重视中小企业的外部环境，创新市场体系培育政策。

四、生产运作管理的创新

作为实体性中小企业，生产运作管理的创新尤为重要。当前德国已经进行工业4.0的升级，已经有成功的工业4.0模式的企业。中国虽然也有工业4.0亮相于第十六届中国工业博览会，但很多中小企业还是20世纪80年代的装备水平，不要说自动化水平，有很多仍是手工操作，作坊式管理，也就是中国的中小企业多数处在工业2.0与3.0水平之间。所以生产运作管理的创新将是中国当前乃至今后一段时间内中小企业创新的重点。

（1）认识知识经济条件下对生产作业管理创新的要求。知识经济时代的智能制造会改变企业未来生产模式、分工和业务流程结构，要求企业在先进制造技术条件下进行精益化生产并具备高效的供应链管理系统。中国的中小企业的发展方向必须与此同向。

（2）建立现代生产组织模式。建立柔性生产系统，以增强企业的灵活性与应变市场的能力；以实现零浪费、零库存、零不良、零故障、零停滞、零事故推行实施全面生产管理（total productive maintenance，TPM）全面管理设备，实现设备全面有效管理；对生产与物流进行重新规划，实现柔性生产；优化全面质量管理（total quality management，TQM）质量保证体系，提升产品质量；导入现代工业工程（industrial engineering，IE），对生产系统进行优化，综合高效利用公司资源，提升劳动效率，降低生产成本。

（3）用现代信息技术管理企业，且要注重升级。一方面，企业应该建立自己的数据库与信息管理部门，收集并处理公司生产制造过程中有关质量、设备运行、工艺过程控制等数据，将数据进行处理并信息化，用以生产管理改善；另一方面，充分利用信息技术，将人、设备、信息进行有效融合，努力向高效、高质、低成本迈进。

（4）培养生产作业管理专业人才。企业要重视和培养专业化、职业化、知识化、正规化的生产运作管理人才，这是企业发展的一个重要问题，每一个企业真正创造价值的环节就是生产环节，生产作业管理是企业运营活动的核心内容，面对未来的工业革命，如果没有适应企业发展的高素质的生产运作管理人员，没有科学、高效的生产运作管理，企业做大做强将无从谈起，很可能被时代所淘汰，所以生产作业管理人才将是企业生产作业创新的重要元素。对人才的培养也是企业提升市场竞争力，实现可持续化发展的必由之路。

（5）企业应建立生产作业管理人才培养计划，包括短期培训与长期战略规划。建立相关生产作业管理培训知识体系，不断收集与扩充、更新相关知识内容，以保证教学素材的全面性、先进性；支持相关生产作业管理的完善、改善、变革，在资金投入与人员调配上给予保证，坚持创新思路，对于习惯性改变与阶段性失败等给予理解、包容并进行鼓励，与主导人员一起坚持。

面对信息经济时代下的智能制造革命，中小企业生产运作管理已经成为当前社会的一个重要问题，我们必须给予高度重视，要有紧迫感。企业要从生产组织模式、人才培养、管理信息化等方面进行创新，实现产业升级，以适应当前及后期市场经济形势，求得生存。

五、新产品开发的创新

每种产品在市场上都有其存在的生命周期。随着科学技术进步速度的加快，市场竞争压力的增大，产品的生命周期也在缩短，技术创新已经成为企业创新的焦点，生产的瓶颈也转化为产品的创新与新产品的开发，中小企业的产品开发与市场创新决定了企业未来发展的空间与高度，也影响着企业的生命周期。

（一）处于不同生命周期的产品策略

产品的生命周期有开发期、导入期、成长期、成熟期、衰退期，当产品进入到成熟期时，企业就需要考虑并进行新产品的开发，当步入衰退期时如果没有新产品推向市场，企业将会陷入经营困境，所以企业要掌握产品所处的阶段，根据不同阶段采取相关的产品策略。

（1）开发期。准确把握市场和消费者需求，做好前期策划并迅速做出新产品开发计划。这一时期最重要是在最短的时间内开发出新产品，适时推向市场。

（2）导入期。这一时期要加强产品的市场推广跟进手段，让客户或消费者产生需要欲望，进而认同接受产品。

（3）成长期。加大产品宣传力度，提升产品市场认可度，差异化营销，确保产品在竞争中处于优势地位。

（4）成熟期。采取措施延长产品寿命期，并积极寻找产品升级换代机会或新产品的开发计划，这一时期要降低营销成本，稳定客户关系。

（5）衰退期。降低产品销售成本，控制产量，开始新产品的开发计划。

（二）新产品的开发过程与方法

（1）必须进行细致的市场调查。通过市场调查定位产品，确定较竞争者产品的更高优势，确定未来目标市场。

（2）组建新产品开发团队，明确职责权限，最好要由高层领导负责牵头，指挥和协调新产品开发过程中的相关工作，最终实现商品化。

（3）提出目标，收集构想。这是新产品开发计划启动后具体实施的第一步，这一步为进入新产品的概念化阶段提供多种可供筛选的创意。

（4）对构想进行筛选、评估，优选出最佳者形成新产品概念。这个过程很重要，要确保所选创意能够达到公司预期经营目标，且是企业力所能及的。有种普遍采用的评估新产品的方法，该方法从以下七个方面进行加权评分量化评价：企业策略与目标、营销技术与经验、财务状况、分销渠道、生产能力、科研与开发能力、供应能力。

（5）财务预算。预算新产品开发成本、产品定价、前期推广成本、预期销售量、销售成本、预期效益、风险等。

（6）样件试制。样件试制也就是正式投产前的实验性生产。这一过程进入工程阶段，要验证产品设计图纸和设计质量的合理性与可靠性、工艺的可行性与生产的可控性、产品结构与性能满足使用要求的程度等。通过样品试制将发现的问题一一优化解决，直至达到新产品设计要求，基本定型。批量产前还需要进行小批量生产，进一步进行验证工艺、工装，为批量生产做好准备。

（7）市场试销。对于风险较高的产品或新奇的产品，进行试销是必要的。

（8）批量生产，市场正式销售。这个过程包括两个阶段，产业化阶段与市场化阶段，这两个阶段可并行，也可顺序进行，具体由产品特性、企业生产能力条件、市场需求特性决定。这时要考虑以下几个问题：引入市场的时机，季节性产品与旧产品的退市；考虑推向市场的地点，单一地区还是地区组合；营销组合与目标市场的再确定。

六、人力资源管理的创新

管理大师德鲁克说过："所谓企业管理，最终就是人力资源管理，而人力资源管理的重中之重就是绩效管理。可以这样讲，企业管理就等于绩效管理。"企业的管理活动都是由人来实践的，人力资源无非是企业所有资源中最具活力的，所以人力资源管理的创新将是企业管理创新的源泉与根本，是最为核心的要素。

企业的长足发展需要有一个整体素质不断提升的员工队伍，这就要求企业创建一个吸引人才、培养人才、留住人才、用好人才的人力资源管理机制。所以必须有效进行员工职业生涯管理，让员工看到自己在企业中的发展机会和发展前景，使其对企业及其岗位产生满意度与依赖度，增强员工对企业的忠诚度，进而不断挖掘和充分发挥员工个人潜能，为企业创造价值。这样就可实现员工个人发展与企业长期愿景的双赢。最后，要不断深化企业文化建设，建设好人力资源开发基础。让企业文化吸引人才、发展人才、留住人才。

人力资源是企业最重要的资源，这种活的资源要发挥好其价值，充分挖掘其潜能，就必须创新人力资源管理。要以人为本，营造良好的企业文化，创新人力资源机制。以人才导向为目标，应用信息化管理，提升人力资源管理水平，做好人才开发工作，为企业发展提供人才保障，实现人才效应。

七、中小企业文化的创新

企业文化是企业组织管理的魂，是企业生产经营管理的中心思想与价值体现，中小企业的不断发展迫切需要深化企业文化建设。中小企业在不断发展过程中都形成了自己独特的企业文化，有的已将文化建设提到公司战略层面，有的还是潜在文化。面对当前世界经济发展的多变性、全球性，中小企业在加强制度管理的同时，必须重视和深化企业文化建设，提升企业凝聚力，增强内在驱动力，才能在复杂激烈的市场竞争中发挥好综合优势战斗力，实现企业的可持续发展。

第二节　中小企业管理创新的主体

一、中小企业管理创新主体的素养

（一）文化素养是公司经营管理者最基础的条件素养

在世界历史不断进步与变革的过程中，人们的精神文明建设与社会物质财产的产生，总是不断的依靠着前人的劳动实践经验，也依赖于对前人的技术知识与技能的认识与掌握，在人们经济社会的历史发展过程中科学技术的不断产生与革新。人类社会进步程度越大，文明水平就越高，对实际技术知识的掌握要求程度也越大。随着人们社会历史发展的过程，必然要对人们社会的历史发展运动与社会发展生活规律加以了解和研究，了解与认识，就必然要对人类文明的科学技术知识加以继承与革新，就必然要对人类社会进步运动与文化发展生活规律加以掌握。同样，社会现代化的极大发展中，也需要我们加强对人们各种技术与知识的不断传授与交流。一个现代的企业管理者，由于面临着复杂的历史和时代条件，其认知方式必然会出现盲目和错误，其创新行为也必然会给公司带来误导和扭曲的价值标准，进而阻碍了公司的创造性思维和新策略、对新科技、新技术的正确理解与吸收，从而阻碍了公司的创新管理和与时俱进。

（二）技术素质是企业经营管理者实施管理的基础

技术素质是作为中小企业经营管理者必须拥有的基本素质，技术素质在中小企业里的意义越来越直接而具体，管理者具备了优秀的技术素养，就可以突破公司在技术领域的难点，不断为公司开辟全新的成长途径，科技才是第一生产力。首先要对公司所拥有的产品技术优势进行深入细致的了解与掌握。同时，中小企业经营管理中的科技人员也担负着企业产品技术创新和产品技术开发能力的提升，熟悉和理解企业产品售后的科技服务内容和消费者对产品和服务的反应等，在这种意义上来讲，企业经营管理者不但应该了解和掌握公司已有的科学技术，还必须具有适应公司未来新工艺和新方式发展的科技素养。在当前的市场经济环境下，中小企业经营管理者只需要熟悉并掌握公司建成后的情况，确保公司达到预定的要求就行了。单一技术，单一生产的要求使制造工艺的产品生命周期拉长。新工艺和新技术以及产品的创新停滞不前的局面，进一步加剧了对中小企业管理者整体素质提升的限制。在这种阶段，技术因素只能在商品的销量上有支撑，而对商品的价格和销路看得也不会那么高，技术人员素质的单一化特征，很难引起管理者对产品创新执着不懈的追求。

中小企业经营管理人员的素质还直接影响到商品在市场上的调查和开发研究、新上线产品、提高生产效益和拓展市场销路等各个环节。在当前市场竞争环境日趋活跃的氛围下，中小企业经营管理人员的科技素养还需要进一步反映到给公司发展提供浓郁的技术气氛方面，建立健全了公司的科技市场机制，通过不断引导职工掌握最新技术，持续开展创新与科学改进，提高新产品的技术浓度，用高新技术来提高公司产品的质量，让优秀的产品在市场竞争中逐步胜出。随着改革开放促进了市场经济活动的逐渐规范化，公司行为也由注重产品数量转向了关注质量问题上，并严格抓好了生产的质量关，这也对中小企业经营管理人员的科技素养提出了更高要求。

（三）经营素质是企业行为对经营管理者的客观要求

中小企业管理人员的最基本任务是提高其管理部门的利润。虽然中小企业各部门的管理职责不尽相同，但各司其职，对管理人员的基本素质要求也是不一样的。经营素质是企业管理者在进行生产经营活动中所必须具有的基本素质，概括为如下几个方面。

1. 政策法律意识

由于中国市场经济属于法律经济，因此要求按照中国的法律精神加以规定，中小企业在进行生产经营行为时必须在国家有关法规的规定下进行，同时中小企业的市场活动也必须遵循市场规则和国家有关法规政府的宏观调控。尽管其生产经营行为主要是以市场需求为指导，但市场的发展又必须受到行业经济规律和各种法律经济规定的约束。在当今的社会主义市场经济环境下，由于中小企业与政府、公司、国家之间的利益关系更加复杂，资源分布不均与利润转移所带来的社会问题也更加尖锐。而身为在社会主义市场经济下的企业管理者，就必须全面了解并掌握中国的各种行业和市场经济法规，知道公司在生产运营中的各种权力与权责，知道公司在经营改革活动中的各种规章制度与各项措施，如此才可以最大限度运用这种法规制度来引导自己，保护自身，规范自身的言行，并逐步把公司的生产运营管理处在遵纪守法的基础之上。

2. 企业经营战略思想

随着中国大流通大市场体制的逐步形成，市场商品的更新换代速率也日益提高，广大市民的物质生活要求也呈现了多样化的局面，而中小企业也在不断围绕着社会主义市场经济的发展需要而做出转变与调适，社会主义市场经济的发展成就中也培育出了一些有重大经营战略思想的中小企业领导者。不过，也有一些公司的管理层视野狭窄，只满足于目前的利润，没有长期经营思想，满足于市场现状，不思进取，在不断变动的市场上，并没有采取相对应的政策来调整和改善公司生产结构来满足市场需求，造成了公司效益下降，他们也对公司的未来没有期望，甚至到了濒临破产的边缘。随着中国市场经济的进一步发展，国内外中小企业除要继续适应中国民众日益增长的物质文化需求外，还应主动地与全球市场接轨，主动参与全球市场的争夺，积极拓展全球合作经营与海外投资，这也对国内外的中小型企业经营管理者提供了更高的需求。所谓经营策略，也就是公司针对市场变化而制订的经营策略，其具体内容分为策略措施、战略方针、战略目标，目的就是应对变化和适应市场竞争。所以，战略思想是要全面把握和认识行业发展变化的趋势，认识企业管理要求的变动情况，加强提高企业经营管理者的能力，以超前型的管理能力来迎接挑战，进一步提升企业的战略经营思想。

3. 成本意识

美国一位知名企业家曾讲过，收益的增加与公司成本的关系不可分割，在国家法规所规定的范围内并通过合法的商业运营手段用最少的成本来达到公司经济效益的最大化。所以成本管理，也就是有效地把成本、经营利益和效率融合在一起加以综合的考虑，这就是中小企业经营管理者经营意识的最主要表现，也是实现公司成本利用最优化的有效手段。在中小企业的经营管理方式中，成本管理始终占有很大的比例，因为公司的收益和成本之间的关系是不可分割的，而收益的最大化就预示着公司成本的最小，所以，企业要想达到公司收益的最优化，就一定要做到成本的最低，尽量减少成本的费用。成本管控意识，对成本核算的深入研究，这些都是对中小企业发展不可或缺的必要素养。

生产成本和企业活动的行为关系密切，企业在工业生产和制造中所产生的成本管理支出，都是经营管理者仔细研究和考虑减少或增加的因素。如果成本核算责任不明，成本结构混乱不明，经营管理者成本核算能力薄弱，那就必定会阻碍企业的发展和公司效益的提高，企业的未来也就不容乐观了。

4. 质量意识

市场经济的发展也促进了中小企业经济效益的提升，由于中小企业之间的竞争越来越激烈，这也将促进了产品质量的逐渐提升。在当今社会主义市场经济发达的体制下，产品质量也被越来越多的中小企业、消费者以及整个社会所重视，作为中小企业茁壮成长和安身立命的重要基础，许多中小企业奉行以产品质量谋发展的信心，不断更新商品和提高服务质量，为的便是能在剧烈的竞争中取得一席之地，以便于追赶着市场的脚步而不被淘汰。随着中国市场更深层次的开发，新的竞争也会日益激烈，这也鞭策着我们要在产品质量安全意识等领域有新的提升。在中国市场经济蓬勃发展的初期阶段，我们对于产品质量投入还没有非常注重，仅仅单纯地要求产品数量的最大化，来适应中国广大民众极度缺乏物质的现状，可是在当今的市场经济条件下，这种数量认识早已赶不上中国市场经济蓬勃发展的脚步了，广大人民在对比数量与品质这两种硬性要求下更偏向于后者，所以品质意识就必须被中国中小企业所关注。中国中小企业要以产品质量意识来适应未来公司运营管理模式的新要求，在市场需求的基础上加强企业对市场信息的及时反应和关注，进一步加强企业服务质量的内涵，并在注重质量的基础上更重视公司服务的品质。所以，中小企业的经营管理者只要从质量意识上进一步增强和拓展，面对着瞬息万变的市场经济就可以游刃有余地，抓住了市场经济发展的新方向，以谋求公司经济效益的最大化和实现了公司在整个社会中的人生价值。

二、中小企业管理创新主体的能力结构

（一）处理技术问题的技能

解决技术问题的技能，是指了解并掌握本学科特别是有关方法、过程或技能的活动能力。技能主要包括知识、专业的技术分析才能以及熟练地运用各种专业训练技术的才能。知识、技能、方法以及组织和辅导的技术，对公司的建立、企业产品质量以及企业管理者的自身发展来说是必不可少的，同时也是毋庸置疑的。不论是自己的公司，还是在某个地方，甚至整个国家，其事业发展的关键在于技术人才。企业公司为了满足新时代的事业发展要求，应当加大技术人才发展力度，并把握重点环节，善于培养人才，善于培育应用人才，善于保护人才。企业培养技术人才既要培育尖子人才，也要培育一专多能的技术人才。因为企业若要应对市场大潮的竞争，就必须拥有多方面的人才。用人的关键就是人尽其才，量才所用。

（二）处理人事关系的技能

人事管理能力是指管理人员努力成为团队的一分子，并搞好本职工作和引导

其部下的员工培养协作精神的技能。当一位人事管理能力优秀的管理人员明白了自己对其个人和组织具有何种看法、观点和信仰后，就可以发现这些东西究竟对自己有多大用处，就可以发现它们的不足之处。也因为承认了他人的看法、观点、信仰与自身的不相同之处，这位企业管理者也就善于体会其他人的言论和行动到底代表着何种含义。而现代优秀管理人员也一样善于利用自身的言行，按照他人可以理解的含义将自身的观点传递给他人。企业管理者直接激励员工，直接参与有意义的工作，直接积极做有益的事情，可以提供一个良性的组织环境。

（三）形成概念的技能

概念技能包括将公司和雇员看成是一个整体的力量，它可以认识到一个组织中的所有不同部门的互相依赖性，当其中某个部门有所变动时就会影响其他的各个部门。这一技能可以使人更认识到一名合格的现代管理者应是德才兼具的人。现代管理者"既要做经济师，又要做为人处世之师"。合格的企业管理人员应该有"本钱"，即同时具备技术开发的才能、设计生产的才能和科学研究的才能。现代管理者应该有渊博的知识，潜在发展的能力，既要知道当代科技发展趋势，也要知道科技蓬勃发展的新方向，还应掌握1～2项专业技能和有关专业的理论知识。在这种意义上讲，没有经营不好的企业，只有不称职的管理者。所以，我们一定要加快培养具备高度创业精神和实际创造力的，爱岗敬业和乐于奉献社会的企业经营者。唯有如此，才能增强中国市场经济的综合实力，也才能提升中国的整体科技水平，也才能在强烈的全球争夺中赢得主动性，从而永远立于不败之处。

第七章 "专精特新"企业管理

第一节 "专精特新"中小企业人力资源管理

工信部在贯彻《国务院关于进一步支持小型微型企业健康发展的意见》和落实《"十二五"中小企业成长规划》的任务和要求时，于2013年7月16日专门向全国提出了《关于促进中小企业"专精特新"发展的指导意见》，并要求全国各省、区、市中小企业政府主管部门必须"加强对'专精特新'中小企业的培育和支持，促进中小企业走专业化、精细化、特色化、新颖化发展之路"，因此确立了中国特色的"专""精""特""新"中小企业发展战略。

一、人力资源管理的新特征

基于"专精特新"政策的实施，引领中小企业走"专精特新"发展之路是增强中国经济韧性的重要举措。人力资源管理工作是助力中小企业走"专精特新"发展之路的重要内容，结合多年工作实践，在"专精特新"政策视角下中小企业人力资源管理工作呈现以下特点。

（1）中小企业人力资源管理工作更加注重创新型人才培养。培育"专精特新"中小企业离不开创新人才的支撑，创新型人才是实现中小企业精细化发展的关键因素与保障。挖掘与引进创新型人才是中小企业应对新冠肺炎疫情、增强抗风险能力的有效手段。随着"专精特新"政策的深入实施，越来越多的中小企业按照"专精特新"中小企业申报要求调整经营策略，优化组织架构。创新型人才是中小企业申报"专精特新"企业的重要考核内容之一，因此，在"专精特新"政策下，中小企业人力资源管理工作更加突出对创新型人才的管理，通过有效的人力资源管理策略提升中小企业创新人才的比例。

（2）中小企业人力资源管理工作更加突出系统性。"专精特新"中小企业具有专业化、精细化、特色化以及新颖化的特征。人才是"专精特新"中小企业发展的重要因素，人才的重要性及"专精特新"发展的特性赋予中小企业人力资源管理工作更加突出的系统性，强调人力资源管理工作必须融入中小企业经营发展的全过程，集合中小企业生产管理、市场营销、产品研发以及售后服务等模块，围绕中小企业"强链补链"要求不断优化人力资源管理工作，培养促进中小企业高质量发展的人才。

（3）中小企业人力资源管理工作要聚焦企业管理人才队伍建设，弘扬企业家精神。"专精特新"中小企业发展要求企业管理者改变求大求全的思想，相比大型企业而言，中国大部分中小企业在人才、资金、技术等方面处于劣势，尤其是受新冠肺炎疫情影响，在创新难、生存贵、订单少以及供应缺等诸多不利因素的影响下，中小企业要避免盲目多元化发展，要聚焦主业、强化创新。企业管理者是中小企业发展战略的制定者与实施者，因此，在"专精特新"政策实施背景下，中小企业人力资源管理工作要聚焦企业家素质提升工作，通过积极开展中小企业经营管理领军人才培训等活动弘扬企业家精神，引领中小企业管理者健康成长。

二、人力资源管理创新的具体对策

人才短缺是制约"专精特新"中小企业高质量发展的重要因素，尤其是科技型中小企业技术人才流动性比较大，人才培养比较难，"专精特新"中小企业面临一线员工严重老龄化、青黄不接的考验。因此，为了推动"专精特新"中小企业发展，中小企业要以人力资源管理建设为抓手，培养聚焦中小企业主业的创新型人才。

（一）聚焦"专精特新"政策解读，提升中小企业员工岗位技能

人才素质不高、人才匮乏是制约"专精特新"中小企业发展的关键瓶颈，提升中小企业员工岗位技能是助力中小企业走"专精特新"发展之路的关键举措。中小企业在人力资源管理工作中要聚焦"专精特新"政策的深度解读，利用"专精特新"政策持续开展员工岗位培训活动，以此提升员工的创新能力：首先，中小企业人力资源管理部门在开展员工岗位培训时要深度解读"专精特新"政策，积极与财政部门、工信部门进行沟通，争取财政资金支持。为了促进"专精特新"企业发展，人才赋能"专精特新"中小企业高质量发展成为推动中小企业发展的重要措施。例如，湖南省印发的《人才赋能专精特新中小企业高质量发展十条支持措施》为培养高素质的创新型人才提供了政策支持。因此，中小企业在实施人力资源管理工作时要紧紧围绕"专精特新"政策要求，充分利用"专精特新"优惠政策实施员工岗位培训活动，以此提高人力资源管理工作效率。其次，持续开展职工岗位技能

提升活动，加强"专精特新"技术人才知识更新。中小企业要加强人才供需对接分析，围绕本企业岗位特点持续开展中国特色企业新型学徒制，并且按照"专精特新"中小企业申报要求，细化人力资源岗位培训内容，定向调训"专精特新"中小企业专业技术人员。例如，针对中小企业技术管理人才匮乏的现状，中小企业在人力资源管理过程中要主动调整人才培训模式，聘请高校、科研院所、大型国有企业中的各类专家服务企业人力资源管理工作，并且建立专家服务基地和专家直联服务点，以此带动企业技术管理型人才培养工作的开展。

（二）实施精准人才招聘，构建高素质人才队伍

人才招聘是中小企业人力资源管理的重要内容，是推动"专精特新"企业发展的关键举措。人才招聘工作的水平直接影响企业人才队伍的建设水平，因此，中小企业在实施人才招聘时必须改变以往粗放式的管理模式，充分利用大数据技术实施精准招聘：首先，"专精特新"中小企业要发挥大数据技术优势，利用大数据技术实施精准招聘。长期以来，中小企业难以精准聘请到高素质人才，其原因主要是中小企业缺乏稳定的工作环境，薪酬待遇与大型企业存在较大的差距。基于中小企业人才招聘工作的难度，中小企业在人才招聘上存在"一锅端"的现象，导致所招聘的员工难以适应工作岗位，人员流动性较高。因此，"专精特新"中小企业要善用员工数据，实施精准招聘。在大数据应用背景下，"专精特新"中小企业可以利用自身历史数据，提炼和梳理岗位关键指标，并依靠对比优秀员工访谈法等方式，对岗位所需的关键指标和相关特质不断优化。通过分析候选人相关特征，录用其中契合度较高的候选人，以此提升人才招聘的精准度。其次，建立完善的工作环境，提升优秀青年人才到"专精特新"中小企业就业的意愿。针对中小企业人才流动性大、员工归属感不高的问题，"专精特新"中小企业要不断优化人才就业环境，为创新人才提供优越的工作环境，以此激发优秀青年人才到企业就业的积极性。例如，"专精特新"中小企业要建立完善的职称评选机制，改变传统"按资排辈"的模式，建立职称申报兜底服务机制，将科技创新、科研成果等作为职称评定的重要标准，以此为青年技术人才提供广阔的职业发展空间。

（三）推动人力资源数字化转型，优化中小企业运营流程

数字化是人才变革的基础，是"专精特新"企业高效成长的重要方式。人才数字化变革正是将人才管理、公司经营数字化、流程化、标准化的进程，形成完整的数字化生态。这种生态系统的主要特点就是完全改善了管理工作的每一种情景，从而大大提高了效率。所以，"专精特新"中小企业管理者必须推行人力数字化改革，以进一步改善公司的运作流程。

（1）中小企业要构建场景思维，以结果为导向，思考人力资源应用场景如何与数字化进行结合。以"专精特新"中小企业的薪酬管理为例，传统的薪酬管理主要是依赖于人力资源管理人员按照职工出勤、学历、职称等级以及绩效等进行综合评价，需要工作人员通过数据统计方式开展工作。而人力资源数字化应用场景的构建则可以实施"薪酬一体化服务"体系，通过数据互通，联动全功能模块，打造高效、准确、体系化的人力资源管理，助力企业建立"考勤排班为起点、薪资管理为核心、绩效管理为输出"的数字化人才管理通路，大大提高工作效率。

（2）构建安全高效的人力资源数字化系统，实现信息共享。基于"专精特新"中小企业业务与人力资源管理相脱节的问题，中小企业要聚力打造人力资源产业互联平台，增强业内的合作、协同，打通行业信息和人才数据孤岛，建立共享生态。

（3）构建数字化人力资源培训模块，提升人力资源培训的绩效管理水平。长期以来，人力资源培训成效评价体系不全面是制约人力资源管理的重要因素，因此，"专精特新"中小企业要善于运用数字化模式将员工绩效作时间序列分析，探究其中的相关性，分析参训与否对工作绩效的提升程度。

（四）完善激励机制，调动员工工作积极性

"专精特新"中小企业的员工流动性虽然低于一般中小企业，但是与大型国有企业相比，员工离职率相对较高，严重阻碍"专精特新"中小企业高质量发展。吸引核心技术人员、留住人才是"专精特新"中小企业发展的核心举措。因此，"专精特新"中小企业要建立完善的激励机制，最大限度地调动员工工作积极性。

（1）"专精特新"中小企业要优化人员激励理念，树立注重科技创新、注重人才的激励理念。激励理念是构建完善员工激励方案的基础，"专精特新"中小企业要改变传统的激励理念，建立注重创新发展、侧重激励员工内在机制的制度体系。因此，在当前环境下"专精特新"中小企业要重点关注员工的心理需求，围绕满足工作人员尤其是核心人员的心理需求制定完善的激励方案。

（2）"专精特新"中小企业要围绕主业建立完善的激励手段，结合核心员工需求建立相应的激励机制。"专精特新"中小企业的员工需求具有多元化特征，不同岗位、不同学历的工作人员对于企业的激励手段要求不同。例如，对于科技型人才来说，除了要在物质方面给予相应的倾斜之外，还要为其提供优越的科技创新研发工作环境，以此挖掘科技创新人员的潜力。

（3）"专精特新"中小企业要加强对激励方案的绩效考核。"专精特新"中小企业要不定期对激励方案及激励效果进行评价，及时根据激励方案实施的成效对

员工激励方案进行调整。例如，"专精特新"中小企业要围绕企业发展业务及时对激励方案进行有效的综合评价，根据"专精特新"中小企业的运行效果对员工激励方案的内容进行调整。

（五）积极参加中小企业经营管理领军人才培训项目，提高企业家素质

中小企业经营管理领军人才培训以构建和发展高素质人才资源为基础，以提升中国管理者的现代运营水平和竞争力为重心，以造就卓越企业家和职业经理人为工作重点，统筹推动中国现代经营管理人才队伍建设。中国现代经营管理领导人才培养，是进一步提高中国经营者的整体素质，促进"专精特新"型企业中国管理者高质量成长的重大措施。在中国全面深化改革的关键时期，"专精特新"企业管理者可以积极参加国家组织的中小企业经营管理领导技术人才培养工程项目，培养企业家精神。一是"专精特新"企业管理者要设置专项资金鼓励企业管理人员积极参加国家中小企业经营管理技术人才培养工程项目，将获取中小企业经营管理领导技术人才培训证书纳入企业管理者综合素质评价的重要指标因素。二是"专精特新"企业管理者要积极开展中小企业家培训活动，发扬企业家精神。例如，"专精特新"企业的管理者要重视对年轻一代创业者的培养，以引导中国管理者健康成长。

第二节　"专精特新""小巨人"企业知识产权战略研究

一、推行知识产权战略的必要性

在工业和信息化部《关于促进中小企业"专精特新"发展的指导意见》（以下简称《指导意见》）中明确提出，"'专精特新'中小企业要实施中小企业知识产权战略。"因此，"专精特新""小巨人"企业作为"专精特新"中小企业的佼佼者，更需要把推行知识产权战略作为一项重要培育任务。但企业推行知识产权战略，不应只是完成培育任务，更应看到企业知识产权战略与培育的四个方面特点密切相关。

（1）对于"专精特新""小巨人"企业专业化程度的要求，迫切需要强化知识产权布局。在工业强基工程实施指南（2016～2020年）的保障措施中，明确提出了"开展'四基'领域知识产权布局，建立产业链知识产权联合保护、风险分担、开放共享与协同运用机制"的要求。因此，只有在所在的细分领域充分聚焦且有针对性地开展知识产权布局，才能为后续知识产权创造、联合保护打下基础，同时充分规避侵权风险。

（2）"专精特新""小巨人"企业的持续创新能力，直接反映为知识产权的创造能力。申报"专精特新""小巨人"企业需要一定数量的已有知识产权（2项及以上的授权发明专利或集成电路布图设计专有权，5项及以上的实用新型专利或外观设计专利或软件著作权）。这只是申报的最低要求。按照江苏省知识产权保护中心对江苏入选国家级"专精特新""小巨人"的289家企业的分析，截至2021年12月，有效发明专利量超过50件（含）的企业有18家，有效发明专利量超过10件（含）的企业达到201家，占江苏全部"专精特新""小巨人"企业数量的69.55%。因此，只有拥有足够数量的授权专利，才能从所在省份中脱颖而出，成为国家级的"专精特新""小巨人"企业。

（3）"专精特新""小巨人"企业的行业影响力有赖于知识产权的保护和运用。依据世界知识产权组织（WIPO）对于"企业的知识产权"的界定，通过知识产权可以帮助企业提高竞争力，具体发挥以下重要作用：保护创新产品和服务；提高产品在市场上的知名度、吸引力和价值；使企业和产品区别于竞争对手；方便获取技术信息和商业知识；避免在不知情的情况下使用第三方专有内容，或在无意中损失自己的宝贵信息、创新或创造性成果。因此，企业的行业地位和话语权与知识产权的保护和运用密切相关。

（4）"专精特新""小巨人"企业管理能力可以通过贯彻实施《企业知识产权管理规范》（GB/T 29490—2013）国家标准得以体现。《指导意见》明确提出，"鼓励和支持中小企业贯彻实施《企业知识产权管理规范》国家标准，建立专利运用协同体系，提高创造知识产权、保护研发成果、运用专利技术、促进转化实施的能力。"因此，通过贯彻实施《企业知识产权管理规范》，可以进一步提升企业的管理水平、合规经营水平，也能够帮助企业更好地参与国际竞争。

二、知识产权战略相关评述

关于企业的知识产权战略，国内外已有众多文献做过研究。王伟等对列入中国知网的1282篇和列入Web of Science的946篇相关期刊文献进行了检索，发现国外对企业知识产权战略的研究与发展已相对成熟，国内关注该领域的时间较晚、研究范围偏小，对该领域的研究拥有蓬勃的发展空间。至于"专精特新""小巨人"企业或"专精特新"中小企业的知识产权战略研究，通过检索中国知网、万方等国内主流数据库，均未发现与之相关的研究成果。关于"专精特新""小巨人"企业的知识产权战略研究偏少，原因主要包括两个方面。

（1）"专精特新"本身仍是一个新概念。虽然距离这一概念初次提出已有10

年，但对于"专精特新"企业的研究尚处于摸索阶段中国知网上关于专精特新相关的论文一共655篇，主要涉及"专精特新"的概念解释，对于这一类企业发展模式的研究只有113篇，国内研究学者对这一类型企业关注程度依然有限。

（2）国内对于企业知识产权战略的研究仍普遍停留在概念层面，普遍缺乏实际指导性。在王伟等的研究中提到，国内对企业知识产权战略的重视程度有待加强，且许多国内学者侧重从企业管理这一宏观层面进行研究，研究对象侧重于智力成果权和财产权。因此，国内暂时缺少对企业知识产权战略这一概念的深入分析和战略构建的分析，这一方向仍有广阔的研究空间。

综上所述，目前国内对"专精特新""小巨人"企业的知识产权战略研究尚处于空白阶段，无论是理论研究还是实际运用均缺乏足够的指导作用。考虑到"专精特新""小巨人"企业本身是制造业高质量发展的重要支撑力量，且对于"专精特新""小巨人"企业的知识产权战略有明确政策要求，加之其在推行知识产权战略上具有强烈的必要性，因此迫切需要这一类型企业在知识产权方面加强顶层设计并开展战略构建。

第三节 "专精特新"企业融资管理

"专精特新"企业是中国近十年重点扶持发展的企业形态，已经形成了四级定级体系，为补短板、强民生做出了重要贡献。也正由于其发展路径需要，许多"专精特新"企业迫切需要融资。本书在对"专精特新"企业进行综述的基础上，通过研究商业银行贷款、天使机构风险投资、私募股权投资和融资租赁四个途径，探索融资对"专精特新"企业的效益。

一、融资路径

（一）商业银行贷款

1. 融资支持效率有待提升

一方面"专精特新"企业以中小企业为主，其难以承受普通商业贷款的高利率。另一方面，受限于"专精特新"企业的高资金需求，又考虑到多数商业银行流动资金相对有限，故一般发放的贷款期限不超过一年，即短期贷款。在这种情况下，由于高利率风险，短期贷款利率通常高于同期存款利率。此外，由于风险较高，商业银行一般不向中小企业发放项目建设贷款和固定资产贷款。目前商业银行贷款主要是根据公司的经营情况，通过核实公司的购销合同，向中小企业发放流动性贷款。

2. 商业银行贷款标准与"专精特新"企业融资资金需求间的矛盾

商业银行发放贷款标准主要着眼于企业整体营收规模和利润增长率等财务指标，对于核心技术、市场定位、创新能力等影响企业长期发展的指标缺乏评价标准。而"专精特新"企业作为中国科技自立自强的排头兵，是中国高质量发展的重要动力源、新发展格局的关键稳定器和创新型国家的生力军。与此同时，中国大部分"专精特新"企业处于起步阶段，尚未形成成熟的整体营收规模和利润增长率。但在实际经营中，该类企业大多数致力于创新驱动和高质量发展，在技术研发、扩大经营规模等各环节都需要大量资金支持，且对资金时效性要求较高。

（二）天使机构风险投资

就"专精特新"企业的天使机构风险投资而言，其现状可以总结为以下两点。

1. 天使投资体系发展尚不完善

天使投资在国内尚属新事物，就算是金融机构从业人员也有不少对天使投资的特点和运营方法比较陌生。与海外运营方式不同，国内的天使项目主要以私人投资为主，每笔可投资金额一般仅有5万～50万元，无法满足"专精特新"企业资金需求，且"专精特新"企业致力于创新驱动和高质量发展，对资金的需求大。因此，国内现有天使投资规模较难为"专精特新"公司带来种子融资，弥补其在权益市场上的制度性缺陷，也无法为其克服新颖性外部缺陷提供有力保障。

2. 创业者诚信的缺失

由于民间诚信制度还没有健全，创业公司的不守信用事情也会有出现。部分企业创始人在拿到融资后不合理使用，甚至是获利后隐瞒融资利益。而未按照天使投资合同享受融资收益以及获投企业能力弱、财务制度不完善的现象，一定程度上干扰了天使投资人的投资热情。

（三）私募股权投资

私募股权投资（PE）是指利用私募基金对非上市企业所实施的股权性融资。在交易执行流程中，PE核心是让投资者的资产升值，出售后从中获得利润。在"专精特新"企业具体实践中，存在以下现状。

1. 现有私募股权投资项目选择机制亟待调整优化

因为私募股权融资期限长、流动性极低，所以投资人为控制风险往往对融资对象提供了诸多的苛刻条件。由于现阶段大多数的"专精特新"公司总体规模较小，没有建立优质的管理制度，加上企业具有高风险特点以及不健全的公司管理制度，无法满足以上要求。所以，在"专精特新"产业的投资企业遴选上，对目前私募股权基金所管理企业的项目选择与可行性审查的制度，具有提升空间。

2. 一定程度上，私募股权投资效率较高

私募股权投资公司是一个综合融资模式，能够让多个投资人中间分摊交易成本，使投资人共享规模财富。和直接融资一样，投资人能够利用私募股权投资的交易成本分摊方式的优势，进而提升融资质量。另一方面，私募股权投资基金给企业带来更多的资金，对公司的方方面面都有重大影响，如注入资金、连接现金流、加强与被投资公司的竞争，从而实现双方的双赢。如此的投资机制，一方面进一步提高私募股权投资效率，另一方面也充分满足"专精特新"企业巨大的资金需求。

（四）融资租赁

融资租赁是集融资与融物、贸易与技术更新于一体的新型金融产业。由于其融资与融物相结合的特点，出现问题时租赁公司可以回收、处理租赁物，因而在办理融资时对企业资信和担保的要求不高，故较为适合中小企业融资。就"专精特新"企业具体实践，存在以下现状。

1. "专精特新"企业重买轻租的经营理念

首先，中国"专精特新"企业多为中小企业，由于规模较小，受到人力、物力、财力等资源的限制，企业经营理念和大型企业有很大区别，对企业资产持有"重买轻租"的观念，对资产所有权的重视程度比资产使用权或流入现金流要更为青睐。其次，中国融资租赁公司大部分处于初期阶段，实力较弱，不良资产较高。因此，"专精特新"企业的管理层倾向于回避风险，不涉足融资租赁领域。

2. 融资租赁有助于降低"专精特新"企业融资的困难

在"专精特新"企业发展过程中，资金规划对企业发展起着极其重要的作用。银行贷款的流程比较复杂，而融资租赁可以有效降低融资处理流程，减少金融服务的中间阶段。企业可以在短时间内获得融资，并且融资租赁对"专精特新"企业的评价标准较低，从而以更高的效率实现"专精特新"企业发展。

二、融资效益

（一）促进国际化发展与合作

在疫情常态化下，经济社会系统进入"后疫情时代"，企业运营也由应急态转向常稳态。目前中国制造业及核心科技类企业作为"专精特新""小巨人"企业的主要组成部分受到了资金链冲击，面临着资金链断裂的风险。在这种不可抗力的情况下，"专精特新"企业的融资将有利于企业面对订单未能按时交付、物流受阻等问题。同时，吸引外商投资也可以一定程度上避免贸易战及相关国家技术标准限制，促进国际化发展与合作，在稳定企业产品核心技术应用和相关部件制造的同时强健自主研发产业链条。

（二）加强人才效益

一定程度上，人才是"专精特新"企业的生命力、技术生命源和产品生命线。但在"专精特新"企业的实际运行中，除原有创始团队外，相较于大型企业而言，在人才吸引上影响力较低。融资带来的现金流将一定程度上激活人才活力，加强人才效益，提高"专精特新"企业在高端人才引进平台的竞争力，促进行业间人才沟通交流，使企业在面对来自高等院校或研究院所的"专精特新"企业所需人才时引得进、用得好、留得住。

（三）扩宽知识产权保护覆盖面

"专精特新"企业的技术、产品和服务具有高自研属性，对专利、软件著作权等知识产权保护需求较高，对自有技术的司法保护诉求强。据统计，有近20%的"专精特新"企业认为知识产权保护制度不完善是企业经营过程中较为突出的问题。无论是创新阶段容易被大型企业挤兑，抑或者是从研发、申请到注册公告的长周期，还是监管维护保护的全流程支出，都对"专精特新"的专项资金提出了要求。因而，融资的注入将有助于企业扩宽知识产权保护覆盖面，增强企业生命力，延长企业生命周期。

（四）激活"专精特新"企业创新潜力

"专精特新"的四个特征都离不开对技术的自主创新。外部融资的注入，将有利于企业专注于原始创新，"用大钱办大事"，完善企业内部的科技成果转化应用机制，形成企业内部富有活力的创新生态体系，也有利于激发创新人才的评价机制，形成"创新=发展"的人才理念，也能进一步利于完善该类企业的技术创新利益分配机制，形成企业自有的创新发展基础平台搭建，从而激活"专精特新"企业创新潜力。

参考文献

［1］宋云.企业战略管理［M］.6版.北京：首都经济贸易大学出版社,2022.

［2］祁大伟，宋立丰.数据驱动与企业管理［M］.北京：清华大学出版社,2022.

［3］张永军，董功.儒学与企业管理者的修养［M］.北京：企业管理出版社,2022.

［4］张顺华.中小企业财务管理问题研究［M］.长春：吉林出版集团股份有限公司,2020.

［5］张武，康开洁.现代企业管理与实务［M］.北京：北京理工大学出版社,2022.

［6］权国政.工业企业管理［M］.北京：中国铁道出版社,2022.

［7］丁蕊.中小企业管理创新［M］.长春：吉林出版集团股份有限公司,2019.

［8］李亚杰，王风云.现代企业管理与社会责任理论研究［M］.天津：天津人民出版社,2022.

［9］李辉.互联网金融视角下中国中小企业融资问题研究［M］.北京：中国经济出版社,2021.

［10］孙维林.企业管理方法论［M］.北京：中国工人出版社,2021.

［11］李蕾，全超，江朝虎.企业管理与人力资源建设发展［M］.长春：吉林人民出版社,2021.

［12］张博.企业管理信息系统的建设与应用［M］.北京：北京理工大学出版社,2021.

［13］段磊，刘金笛.企业文化建设与运营［M］.北京：企业管理出版社,2021.

［14］李钟，于立彪.企业知识产权管理体系构建与运行［M］.北京：知识产权出版社,2020.

［15］王连娟，田烈旭，姚贤涛.数字化时代企业知识管理案例研究［M］.北京：北京邮电大学出版社,2020.

［16］刘琨.战略管理会计与企业创新决策　理论阐述与案例分析［M］.厦门：厦门大学出版社,2021.

［17］杨雄胜.企业创新管理会计［M］.北京：经济科学出版社,2020.

［18］弗兰克·J·法博齐.现代企业的资本运作［M］.北京：中信出版社,2020.

［19］董屹宇.风险资本公司治理与企业技术创新基于要素密集度行业差异性的研究［M］.上海：立信会计出版社,2021.

［20］温晶媛，李娟，周苑.人力资源管理及企业创新研究［M］.长春：吉林人民出版社,

2020.

［21］刘翔宇.动态环境下人力资源柔性能力的形成及作用机制研究［M］.北京：知识产权
出版社,2020.

［22］叶映.机器人时代企业人力资源管理变革研究［M］.北京：机械工业出版社,2021.

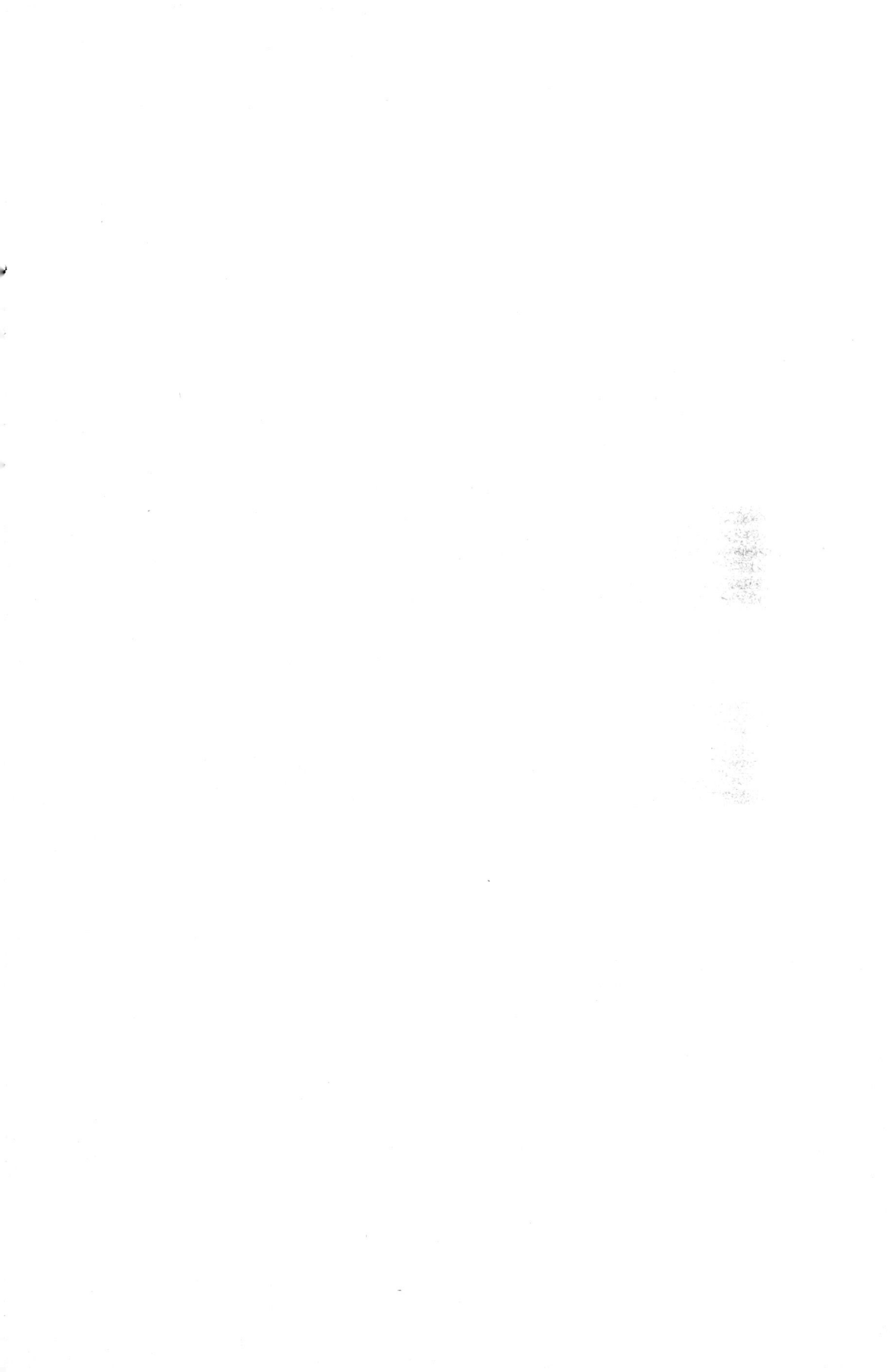